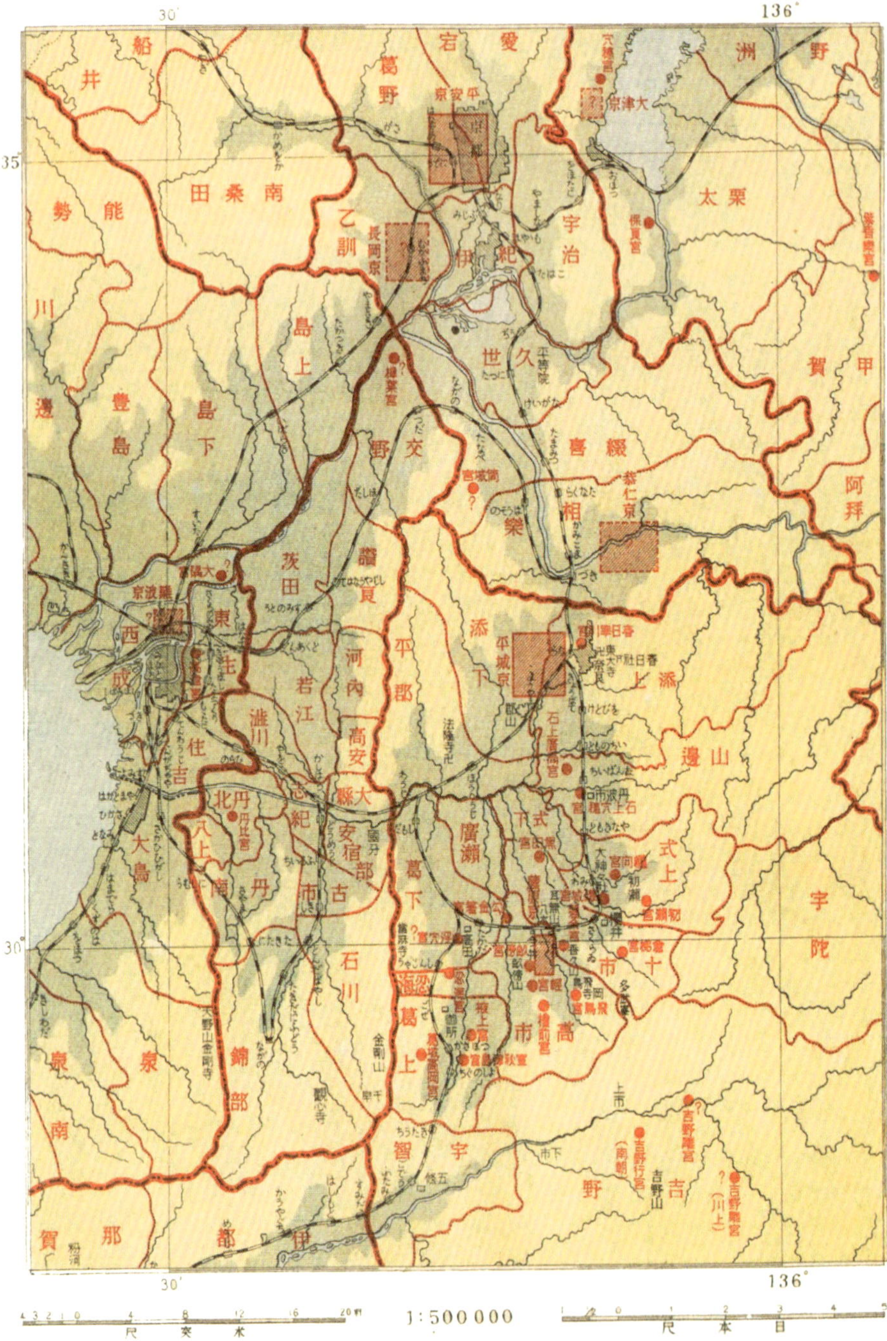

日本历代都城所在位置

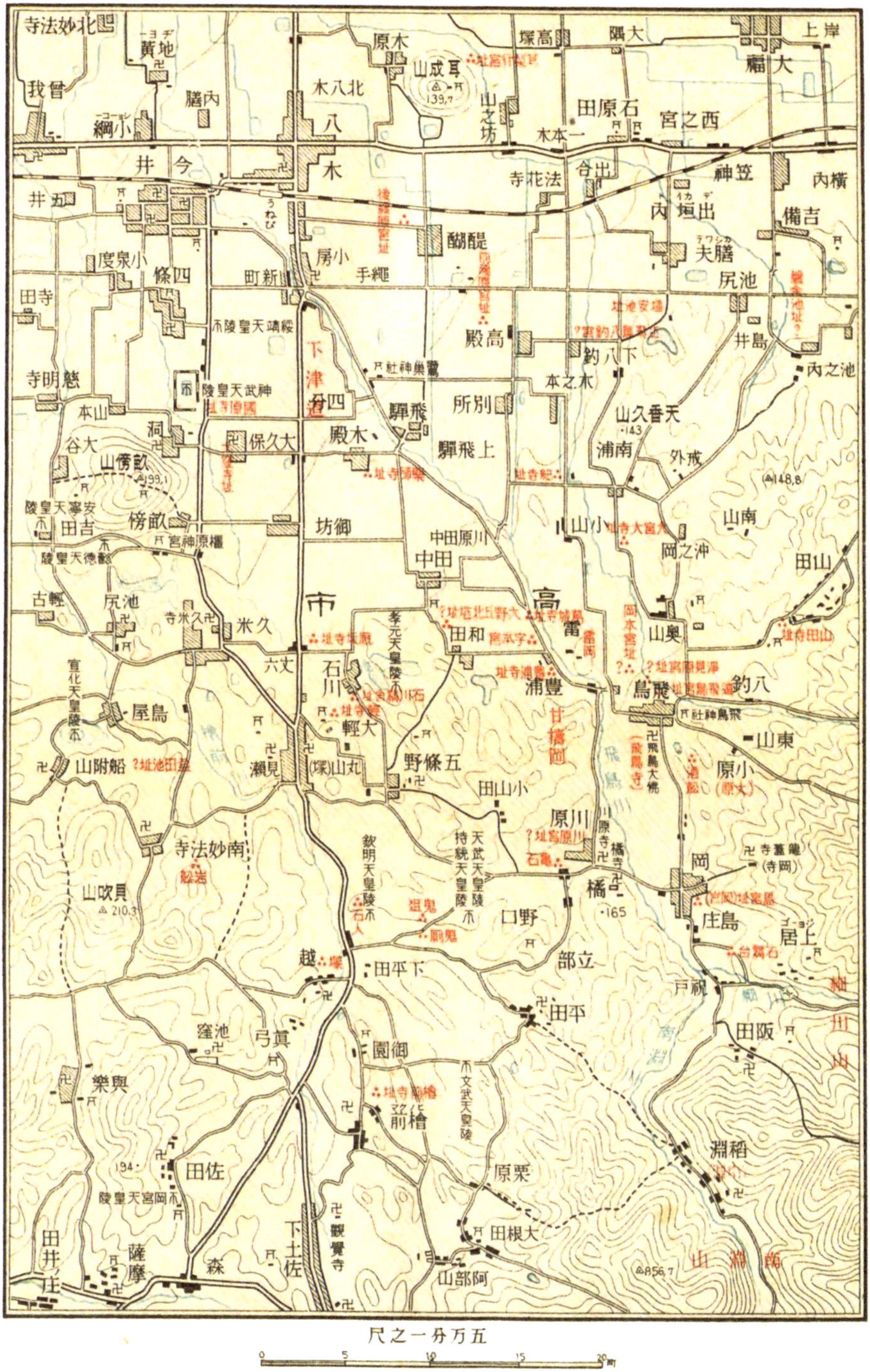

飞鸟京地图

[日] 喜田贞吉 著
杨 田 译

日本历代都城小史

A Brief History of Japanese Capitals

清华大学出版社
北 京

图书在版编目（CIP）数据

日本历代都城小史 /（日）喜田贞吉著；杨田译．
—北京：清华大学出版社，2019
ISBN 978-7-302-52666-7

Ⅰ．①日… Ⅱ．①喜… ②杨… Ⅲ．①城市史－日本－古代
Ⅳ．① K313.9

中国版本图书馆 CIP 数据核字（2019）第 053594 号

责任编辑：孙元元
装帧设计：环宇智汇
责任校对：王凤芝
责任印制：杨　艳

出版发行：清华大学出版社
网　址：http://www.tup.com.cn,　　http://www.wqbook.com
地　址：北京清华大学学研大厦 A 座　　邮　编：100084
社总机：010-62770175　　邮　购：010-62786544
投稿与读者服务：010-62776969, c-service@tup.tsinghua.edu.cn
质量反馈：010-62772015, zhiliang@tup.tsinghua.edu.cn
印装者：三河市春园印刷有限公司
经　销：全国新华书店
开　本：145mm × 210mm　印　张：9.25　插　页：4　字　数：177 千字
版　次：2019 年 5 月第 1 版　印　次：2019 年 5 月第 1 次印刷
定　价：79.00 元

产品编号：079191-01

《怀风藻》诗二首[1]

其一

欲寻张骞迹，幸逐河源风。

朝云指南北，夕雾正西东。

岭峻丝响急，溪旷竹鸣融。

将歌造化趣，握素愧不工。

其二

仁山狎凤阁，智水启龙楼。

花鸟堪沈翫，何人不淹留。

1. 编辑注：《怀风藻》是日本现存最早的汉诗集。天平胜宝三年（751）成书。收录64名诗人的120首作品，编者不详。有指编者是大友皇子的曾孙淡海三船，理由是诗集的“诗人略传”中编者对近江朝有着同情笔调。然而也有谓编者是葛井广成、藤原刷雄或石上宅嗣等，至今未有定论。《怀风藻》的出现，象征自奈良时代起日本文坛对汉文学的重视。当中的诗歌有很多是官廷诗宴等官式场合的酬唱，这也反映出当时尊尚汉风文化的潮流。

再刊致辞

大正四年（1915），本书出版，至今已有二十五年。当今市面已难寻此书，然而渴望阅读此书者却甚众。明年为皇纪[1]二千六百年，值此重要纪念年份，各地圣迹调查事业兴起，帝都之沿革亦受到所有国民之关注。鉴于此，我拟将毕生帝都之研究汇总出版，一是为了向皇纪二千六百年献礼；二是为了给我大病康复五周年和明年七十岁古稀之年留一份纪念。但是，拟出版的汇总版本是一部超出我想象的大部头著作，绝非短时间内能够完成。于是，我决定按照出版人古藤田喜助先生的建议，将此书进行增补校正后先行再刊，一方面可解眼下的燃眉之急，另一方面也可起到为明年将要出版的帝都研究汇总版本进行梗概介绍的作用。二十多年前于仓促中完成的此书，虽有很多不尽如人意之处，但整体上来说其研究结果至今并没有什么变化。近来古文化研究所通过对藤原京进行考古发掘有了一些新的发现，所以值此再刊之际，我特意将新的研究成果增补其中，以慰读者。希望读者朋友对拟于明年出版的帝都研究汇总版本能够有所期待。

喜田贞吉

昭和十四年（1939）四月[2]

1. 译者注：皇纪又称神武天皇即位纪元，是日本的一种纪年方式，以日本第一代天皇神武天皇的即位元年开始起算，比现行西历早660年，即公元2018年等于皇纪2678年，以此类推。
2. 译者注：喜田贞吉写这篇再刊致辞三个月后的1939年7月，喜田贞吉因病去世，享年69岁。

写在前面

一、本人长期致力于日本历代都城之沿革的调查研究，为便于普通读者理解，特意择取多年研究之概要简易编纂成此书。鉴于此，在专业史家看来，其中肯定有颇多不足之处。不过，其中所述大部分之内容的详细版本都已在《历史地理》杂志中登载过，若诸贤想做进一步之研究，可依照本书卷末刊载之论文目录，从杂志中找出相应论文详细阅读。至于暂未发表之新研究成果，必将择他日发表于《历史地理》杂志中，敬请期待。

二、本书作为日本历史地理学会监督、日本学术普及会发行的历史讲座丛书的第一卷率先出版，本人颇感荣幸。由于时间仓促，烦请速记员荒浪市平将本人口述之内容记录下后，竟无暇对顺序进行调整、无暇对字句进行推敲，仅对速记中出现的错误进行简单修改后就交予印刷所进行印制。后来虽已意识到其中的一些错误，但已无法修改。另外，本书中脱漏与重复之处也不在少数。作为著者，我对此深表歉意。他日若再有机会，必将施以详细的史学考证，努力创作一本近乎完美的《帝都志》，以弥补此书之遗憾。

三、本书记述了日本都城之沿革。本人曾前往各遗址进行实地调查，以期为读者提供最真实之状况。本书不仅介绍处于表面的史实经过和地理调查，同时也志在探寻其内部的因果关系，判明其历史变迁。所以说，本书虽然名为《帝都》，其实是想以都城为中心将古代史研究的部分内容公之于世。

四、本书所记录之内容与《历史地理》杂志中刊载的内容会存在一些出入，这主要是因为我在后来的研究过程中发现了原作中的一些错误，在本书中对发现的错误进行了订正的缘故。

大正四年（1915）八月

目录

1

日本古代都城之沿革

1.1 古代频繁迁都

《日本书纪》中很多关于“迁都”的记载其实并不应该算作迁都，而且一些真正的迁都可能也并没有被记录到史料中。舍弃旧宫殿、营造新宫殿，这只能算作迁宫，不能算作迁都。

历代天皇受人尊崇与敬畏，其居住之所天下皆知。自古至今，天皇居住过的都城不在少数，但有很多仅剩其名，其遗迹已经荡然无存，被世人所遗忘，甚至连其迁都的缘由都不甚明了了。

德川时代[1]的《地志》记录了各处都城的情况，但仅是根据当地的传说及地名等推测得出，缺乏确凿证据。部分有志之士虽然也会偶尔关注一下都城之沿革，但也仅是承袭旧说而已，远未达到将各种疑问都解释清楚的程度。面对此番状况，前些年有位叫木村一郎的人曾为此感到愤慨，频频大声疾呼都城研究的重要性。但遗憾的是，并没有什么进展，直至今天一切依然如旧。

我等对此也颇感遗憾，于是采取了实地调查与查阅文献相结合的方式，积极探寻日本都城的沿革。尽管现在还存在很多不明之处，但还是希望通过此种方式来追颂祖先的圣德。

我们在阅读古史时，常会有一种奇怪的感觉，就是历代天皇几乎都会迁都，有的天皇甚至在位期间数次迁都。高天原的事情

1. 编辑注：又称“江户时代”，指日本的庆长八年（1603）由德川家康在江户（今东京）开创幕府，至庆应三年（1867）大政奉还。

我们暂且不提。根据神话传说，天照大神的孙子琼琼杵命奉天照大神之命，从高天原降临到筑紫日向的高千穗峰，建立高千穗宫，这应该算是日本的第一个皇宫，当时的统治区域可能仅限于西南地区。鉴于这些传说未必真实，我们在此也暂且不提。

自神武天皇迁都大和[2]之后，日本历史从神话时代进入了人间时代[3]。此后的四十代天皇几乎代代迁都，有时一代天皇会数次迁都。除少数天皇将都城迁到了山城、近江、河内和摄津等地外，大部分天皇都是在大和平原上迁来迁去。当神武天皇还生活在高千穗宫时就曾夸赞大和平原："东方有美地，四周围青山。彼地必将恢宏天业，光耀天下。有此六合之中心，何不在此建都也？"当时的政府机构颇为简单，统治范围也极为狭小，所以迁都是一件很容易的事。随着时代的发展，政府机构渐趋复杂化，尤其是与中国建立联系后，引入了大量的中华文明，所有事物的规模都变得非常庞大，所以迁都之事就变得不那么容易了。

到飞鸟时代[4]后，出现了稍显固定的飞鸟京，不过迁都的风俗并没有完全废除，据说在飞鸟地区曾有数次迁都，甚至一度想迁往更远的地方。之后，都城从飞鸟的净御原迁到了藤原京（今奈

2. 编辑注：大和国，日本古代的令制国之一，属京畿区域，为五畿之一，又称和州。其领域相当于现在的奈良县。
3. 译者注：1946年1月1日，日本昭和天皇发表《人间宣言》，否定了天皇作为"现代人世间的神"的地位，宣告天皇也是仅具有人性的普通人。本书出版于1944年，在当时作者的心目中，天皇就是现代人世间的神，不是人。
4. 编辑注：约始于593年，止于迁都平城京的710年。

良县橿原市）。元明天皇时又将都城从藤原京迁到了平城京（今奈良西郊），至此才出现了真正意义上固定的都城。

此后七代七十余年没有再发生大规模迁都，不过其中亦有短时迁往恭仁京、难波京和信乐京等地的情况，但大部分时间天皇都还是住在平城京。桓武天皇将都城短时迁到了位于山城的长冈京，后来又迁往附近的平安京（今京都）。桓武天皇想将平安京打造成万代不变的都城，但在平安时代初期，迁都之风尚有遗存，乃至平城上皇一度又计划将都城迁回平城京。自桓武天皇以后的三百七十余年间，平安京一直都是都城。

平清盛掌权后，他拥立自己年幼的外孙为安德天皇，然后强行将都城迁往了摄津的福原。不过，都城在福原的时间并不长，很快又迁回了平安京。从迁回平安京一直到明治维新，大约是七百年的时间，再加上前面的岁月，定都平安京总共有一千多年。其中有很长一段时间，政权旁落到武家[5]手中，公家[6]丧失了权力，但天皇却一直都是住在平安京。明治维新后，皇威扩张，都城从京都迁往东京，最终成为今天之状态。

---

5. 译者注：武家指武士系统的家族、人物，与“公家”相对。初期的核心是平氏和源氏。武家是从在古代公家的领地、庄园中负责武备警卫的家族发展而来，原是为公家所统治的阶层，后逐渐壮大，实质性地把持了全国政权，继而建立了镰仓幕府，公家则被傀儡化。
6. 译者注：公家是指天皇、朝廷和公卿贵族。

1.2 “迁都母家说”

关于古代如此频繁迁都的原因，有一种解释说是古代日本夫妇并不一定住在一起，妻子通常住在娘家，丈夫到妻子家中过夜，生的孩子也不属于男方[7]，所以父子未必会住在一起。持此种观点的人认为古代的日本皇室遵循的亦是这种习俗，所以新天皇的住处应该在其母亲一方，登基之后自己所住的地方自然也就成为新的都城。这样一来，新旧都城必然不在同一地方，于是也就出现了频繁迁都的现象。

应神天皇[8]的皇太子稚郎子就是其中一个的典型例子。稚郎子的生母是菟道木幡人。稚郎子即位之前一直住在菟道宫，登基后菟道自然就成了新的都城。稚郎子定都的故事确实支撑了这一观点，但综观整个日本皇室的历史，这仅是一个偶然的例子而已，大多数情况下并非如此。也许在一般民众之间、在某一历史阶段实行的确实是将妻子留在娘家，丈夫前来过夜的婚俗，但我们不能因此就推断当时的皇室遵循的亦是同样的婚俗。

---

7. 编辑注：日本古时候，为了保持整个家庭劳动组织的规模，户主会尽最大努力避免分家。有的地区，长子以外的儿子不允许拥有自己的家庭，即使事实上已经有配偶了，也不能正式结婚、单独成立家庭。在家长的承认下，这些男子可以一辈子来往于女方的住所，但所生的孩子必须属于女方的家庭。在不去女方的日子里，男子必须留在自己家里劳动。（《乡土日本》柳田国男，清华大学出版社，2018）
8. 编辑注：应神天皇，日本第 15 代天皇（270 年 1 月 1 日至 310 年 2 月 15 日在位）。从应神天皇开始，日本出现了象征王权的巨大坟墓，史称古坟时代。

通常来说，天皇、皇后及其他的后宫嫔妃都是住在一起的。允恭天皇[9]的妃子衣通姬长得非常漂亮，深得天皇的喜爱。但皇后非常嫉妒她，所以她很难继续留在宫中生活。允恭天皇没有办法，只好在皇宫附近新建一座藤原宫，把衣通姬安置在里面。但这依然无法阻挡皇后的嫉妒，一直想加害于她。最后天皇只好在更为遥远的和泉建了一座茅渟宫供她居住。从这件事我们推测得出，当时皇后肯定是住在宫中的，而妃子则是和皇后一样住在宫中，或是单独住在皇宫附近。

言归正传，如果真的如部分人说的那样，天皇把在母家的住处当作皇宫的话，那同胞兄弟的另一任天皇也必然会使用同一处宫殿，不过这样的例子在历史上还没有过。另外，既然天皇和皇后住在同一处宫殿内，按理说他们所生的皇子在登基时也应该是在父皇的宫殿内向天下发布登基诏书，但通常情况下并不是如此。例如，神武天皇[10]的皇后伊须气余理比卖的出生地是在佐井川的旁边，也就是今天大和三轮的附近。然而在天皇驾崩后，出生于吾田的吾平津媛[11]所生的庶长子[12]手研耳命却是在皇后的娘家佐川，而皇后所生的三皇子神八井耳命则是在都城亩傍。当时，手

9. 编辑注：日本第19代天皇（412年12月至453年1月14日在位）。

10. 编辑注：神话中日本第一代天皇，天照大神后裔。

11. 译者注：吾平津媛是神武天皇的妃子，神武天皇尚未东征时迎娶，育有手研耳命及岐须美美命等子女。神武天皇东征后，吾平津媛留在日向。

12. 译者注：庶长子是日本古代的一种名分，一般低于正室的嫔妃所生之子称为庶子，其中年龄最大的称为庶长子。

研耳命想杀掉三皇子，皇后伊须气余理比卖察觉后作歌曰“佐井川上风起云涌，亩傍山中树叶巨响”，提醒自己的儿子有人要杀他。三皇子听到母后的歌声后，立马明白了手研耳命想杀掉自己的企图，于是先下手为强，直接杀死了自己的哥哥手研耳命。我们先不论这一传说是否真实，单是从有这样的传说流传下来就可以断定，在古代人们是相信皇后所生的皇子未必就一定是在皇后的娘家长大，和父皇一起生活在宫中的情况也是存在的。

不过，后来三皇子并没有当天皇，而是由四皇子神渟名川耳尊继承皇位，是为绥靖天皇。绥靖天皇的宫殿位于葛城的高冈宫，与亩傍的方位完全不同。据此可以看出，皇子未必是在其生母的娘家长大，而且即位前的住所也未必会成为都城。综上所述，本节一开始所提到的迁都的理由是不充分的。

1.3 “奥津弃户说”

还有一种说法，古语有云“奥津弃户”，即在古代当一个家庭中有人去世后，其家人会将原有的住处舍弃掉，使其成为逝者的坟墓，然后另择他处营建新的住宅。

在古代每代天皇几乎都迁都，其理由可能与“奥津弃户”有关——都是缘于对死秽的忌讳，源于一种趋吉避凶的心理。在某种程度上，后世依然存在此种思想。

平城天皇[13]在登基诏书中写道“国家恒例，就吉之后，迁都新宫”。此外，百官的上奏文中也写道“亮阴之后，更建新宫，古往今来，以为故实”。不过，仅以此理由来解释古代频繁迁都之原因，未免有不足之处。对于那些死过人的旧的宫殿，确实有必要将其舍弃掉。但是，舍弃之后营造一座新宫就行了，完全没必要把都城也迁到别处。平城天皇即位时颁布的诏书很明显是改筑宫殿之意，并不能当作迁都的证据。

纵观日本古代史，虽然天皇登基后迁都的例子有很多，但也并不是每位天皇都是如此。景行天皇晚年将都城迁到了近江的志贺高穴穗宫，在此住了三年后驾崩。其子成务天皇即位后也依然住在高穴穗宫，并没有迁往别处。成务天皇的儿子仲哀天皇也是

---

13. 译者注：平城天皇（774—824），日本第51代天皇（806年4月9日至809年5月18日在位）。

住在高穴穗宫。《古事记》载，仲哀天皇在长门的丰浦和筑紫的香椎建了宫殿，并专门昭告天下。不过严格来说，这两处宫殿仅是天皇的行宫而已，并不能算作皇宫。成务天皇的都城应该依然是高穴穗宫所在的志贺地区。麑坂和忍熊两位皇子在摄津阻止神功皇后归朝，后来忍熊在自己的军队战败后逃往近江的濑多。据此也可以看出，志贺地区依然是当时的都城。总之，先帝驾崩之后，并不一定非得寻一个很远的地方另建都城。

根据日本古代文献的记载，有很多天皇是在旧宫即位，而迁都则在即位数年之后。像孝灵天皇[14]这样在新都即位的例子非常罕见，在古代几乎就没有类似的例子。假设古代迁都的缘由，真的如本节一开始所说的那样是为了避死人之秽的话，那完全可以建一座新的宫殿，没必要非得迁都。建造宫殿与迁都这是两件完全不同性质的事，如果以前者来当作后者的理由，那显然是不妥的。

14. 编辑注：孝灵天皇，日本第 7 代天皇（前 291 至前 215 年在位）。

1.4 古代迁都的用意

古代频繁迁都，究竟有何用意？要想解决这一问题，我们必须承认两种情况的存在。根据文献记载，古代的每代天皇几乎都住在不同名称的宫殿中，而且还会将自己所住的宫殿昭告天下。尤其在《日本书纪》中，关于迁都的文字经常出现。虽然从字面上看来，古代迁都极其频繁，但是从实际地理位置来看，迁都也未必那么频繁。像宫殿名称不同，但所在地点却属于同一都城的情况非常常见。严格来说，前代天皇的旧宫与后代天皇的新宫虽然所处的位置不同，但一般离得都不远，所以称其位于同一都城一点都不为过。没有人会认为平安京的大内里与京内诸所的里内里属于两个不同的都城[15]。同样的道理，大和平原上历代天皇所居住的宫殿虽然名称各异，但概括来说，宫殿所在的地区也就四五个而已，而且离得也都很近，并不能算作真正意义上的迁都。唯独景行天皇、成务天皇将都城迁到了近江[16]；仁德天皇将都城迁到了难波[17]，这才是真正意义上的迁都。

在此我们必须注意到，历代天皇的宫殿名称几乎都不相同，

15. 译者注：平安京的内里曾遭遇一场大火，之后天皇迁到了皇宫外的临时性住所里内里，其实内里和里内里都是位于平安京内，只不过前者是位于宫内，后者是位于宫外而已。

16. 编辑注：其领域大约为现在之滋贺县，境内有日本第一大湖琵琶湖。

17. 编辑注：一般指大阪。

这主要是因为古时候天皇去世后并没有谥号，但同时又必须避天皇的讳，不能直呼其名，于是就用宫殿的名称来代指天皇。不过，对于前后两代天皇居住于同一处宫殿，难以用宫殿名来区分的时候，就必须用前与后来区分了。例如，舒明天皇居住在飞鸟冈本宫，之后的齐明天皇也是住在这一宫殿，为了区分两位天皇，齐明天皇就被称为“后飞鸟冈本宫御宇天皇”。此外，还有一种情况，如果一位天皇有好几座宫殿，或是一位天皇在位期间数次迁都，那也仅会选最具代表性的一处宫殿来代指天皇，其他的宫殿通常会被世人所遗忘。天武天皇[18]曾下诏：“凡都城宫室非一处，必造两参。”这应该是古时天皇建造宫殿的惯例，在天武天皇之前应该亦是如此。据《日本书纪》载，继体天皇曾住在大和的磐余玉穗宫，后来又迁都到河内的樟叶宫、山城的弟国宫和筒城宫等。然而，在《古事记》中，继体天皇仅被称为“磐余玉穗宫御宇天皇”。如果根据《古事记》的记载，我们只能了解到继体天皇的磐余玉穗宫这一处宫殿；而根据《日本书纪》的记载，我们却能够了解到他其实还有别的宫殿。也就是说，如果《日本书纪》在历史上散佚了的话，那我们今天能够了解到的也就仅有磐余玉穗宫这一处宫殿了。另外，尽管显宗天皇与仁贤天皇在播磨也有别宫，但能够流传后世的名号，显宗天皇仅有近飞鸟入钓宫，仁

18. 编辑注：日本第40代天皇（673年3月20日至686年10月1日在位）。

贤天皇仅有石上广高宫。与以上所述不同，景行天皇晚年迁都志贺高穴穗宫，之后的成务天皇也住在这一宫殿，好在景行天皇用的名号是缠向日代宫，没有使用志贺高穴穗宫这一名号，不然成务天皇就只能用别的名号了。

通过以上实例我们可以看出，虽然每位天皇仅有一处宫名流传后世，但有很多天皇其实是有两处以上的宫殿，或是在位期间有两次以上的迁都。

如果以上所述都是史实的话，那么《日本书纪》中很多关于迁都的记载其实并不应该算作迁都，而且一些真正的迁都也可能并没有被记录到史料中。舍弃旧宫殿、营造新宫殿，这只能算作迁宫，并不能算作迁都。

在古代，天皇所居住的宫殿虽为至尊之建筑，但其结构却是非常简单的。古语有云“底石根宫柱太敷立，高天原千木高知”。据此可以看出，当时的宫殿采用的是直接将柱子埋到土中的“掘立柱式”，屋顶为“千木高知状”，即铺设屋顶的每条檩木都高高地凸出到屋外，然后再在屋顶上铺设茅草，是一类非常素朴简单的建筑物。中国古代有“土阶三等，茅茨不翦”[19]的说法，日本古时的建筑物和这也差不多。建造比较容易，但却很难长久保存。

---

19. 译者注：出自《尹文子 · 佚文》。

时至今日，伊势神宫依然保留着古代的建筑样式和每二十年迁宫一次[20]的定例。其实二十年迁宫一次的定例并不仅限于伊势神宫，在过去的一段时期，鹿岛、香取和住吉等地的建筑物也都沿用这一风俗。受当时建筑水平的限制，二十年基本是一栋建筑的最长使用年限，所以每隔二十年就必须重建一次。当今的伊势神宫虽然沿用的还是古代的形式，但建筑手法加入了很多现代的元素，而且结构也更为牢固，但即便如此，每到迁宫的时候我们还是会发现柱脚腐朽、屋顶朽烂等问题，所以说像伊势神宫这样

伊势神宫（《日本建筑小史》伊东忠太，清华大学出版社，2017）

20. 编辑注：即“式年迁宫”。

的建筑物要想保存二十年以上是很难的。在过去，每当迁宫时，旧的宫殿就会被舍弃掉，然后另择他址营造新的宫殿，并且在新宫建好后还会将神灵也迎过去。

当前，随着人口增多，土地越来越紧张，宅基地变成了紧缺资源，所以今天在改建住宅的时候，往往会先将旧宅毁掉，然后再在旧址上建造新的住宅。过去则不是这样，土地到处都是，可以自由选择宅基地，完全没必要像今天这样先将住宅毁掉之后再在原址上重建。此外，古时的建筑结构非常简单，建造容易，而且建筑材料也很容易入手，所以完全没必要花大力气对旧屋进行修缮。在古代，即便是普通百姓的住宅，住到一定年限后也会另择他址建一栋新的，而旧的住宅就放在那里，由它自然朽坏掉就可以了。当今的伊势神宫的迁宫仍是如此。

古时迁都的情况应该和这也差不多，当旧的宫殿快要损毁的时候，天皇就会命人选择合适的地方营造新的宫殿，如果新宫与旧宫隔着一段距离，那就算是迁都了。当时的政府组织非常简单，所以官僚很容易就可以随着天皇一起搬过去。不过，宫名改了之后，在后世看来，会觉得这是一件非常了不起的大事情，其实并没有多么复杂。

此外，如果新宫离旧宫比较近，而且又是同一代天皇的话，那基本不会更换宫殿名称。不过如果是新的天皇住进去的话，为了有所区别，往往会给一个新的宫殿命名。对于后一种情况，很多人会觉得这是迁都了，其实仅是换了个宫名而已。

《古事记》比较注重反映古代的真实情况，所以其中绝不会滥用“迁都”这一词语，通常会用“某帝于某宫昭告天下”这样的句子来表示天皇的迁宫之举。《日本书纪》则大量使用中国风的词语，“迁都”一词在书中屡次出现，其实这并没有反映出古代的真实情况。

有的天皇在位时间比较长，其间可能会有两三次甚至更多次的迁宫。由于宫名同时具有称呼天皇的功能，所以即便是迁宫了，同一代天皇也通常不会改变宫名，新的宫殿依然会沿用旧称。不过，即便是改变了宫殿的名称，后世那些以讲述传说、典故为职业的人也仅会选择其中的一处宫殿来代指此位天皇。

最初，伊势神宫并不是一定要二十年才迁宫一次，有可能是十五年，也有可能是三十年，等旧的损毁严重到不能再用的时候就会去建个新的，总之比较随意，平均下来大约是二十年迁宫一次吧。都城的情况也基本如此，当旧的宫殿破损得不能再用的时候就会另择他址建个新的，然后再迁宫。仁德天皇[21]比较节俭，宫殿破得都漏雨了，依然不同意建个新的，因此被后人尊称为“圣帝”。不过也有人批评说，如果宫殿有小的破损的时候就及时修缮，就不会在后来破得那么严重，劳烦民众之事反而会更少一些。

21. 编辑注：日本第16代天皇（313年1月3日至399年1月16日在位）。

这其实是不了解当时实情的一种批评。

新天皇即位后，即便是老天皇所居住的旧宫没有损毁，也依然会建一处新的宫殿，这也就造成了所谓的迁都。前文已述，成务天皇和景行天皇都曾住在志贺高穴穗宫，其实并没有理由要求成务天皇在老天皇驾崩后还必须住在老天皇原有的宫殿内。

总之，古代的大多数迁都其实并不是真正意义上的迁都，仅是简单地改建宫殿而已。新天皇登基后，为了区别于老天皇，自然会改变宫殿的名称。其实除了更改宫殿名称这一情况外，真实迁都或迁宫的情况也肯定屡屡发生。

从上文可以看出，古代的迁都未必是出于改建的必要，同时也不是随时都能够进行的。有很多迁都只是出于政治上的考虑，而且能称得上气派的迁都其实并不多。神武天皇将都城从高千穗宫迁到了大和平原，之后又多次将都城迁到了大和平原以外的地区，其实每次迁都都应该有其特别的理由。

传说景行天皇在位期间，用武力征服了西边的熊袭和东边的虾夷，并且降服了内地各处的荒神[22]，一时间皇威大振，尤其是东北地区获得了显著发展。为了控制自己治下的广阔土地，景行天皇将都城迁到了与东山和北陆诸国交通都便利的近江湖畔的穴穗[23]。这其实是根据当时的时势作出的迁都决定。

---

22. 译者注：在日本，荒神是指加害于人的极恶之神。
23. 译者注：今为滋贺县下坂本村的穴太，位于唐崎附近，是古时的要津。

成务天皇即位后，为了守住先帝通过武力扩张形成的大帝国，选择继续居住在高穴穗宫。成务天皇驾崩后，仲哀天皇即位，他选择便于亲征熊袭之地，建了一座临时的都城。

仲哀天皇驾崩后，神功皇后执政，由于当时日本已经征服了朝鲜半岛，与西方的交往渐趋增多，此时已不适宜继续将都城设在东部，于是就将都城迁回了大和。神功皇后的儿子应神天皇即位后，继续将都城设在大和。后来在仁德天皇执政时，又将都城从大和迁往难波高津宫。当时与朝鲜半岛的交往已经非常频繁，所以选择将都城建在了难波这一海路要津。不过，最早将都城迁往难波的也有可能不是仁德天皇。有一种说法，是早在仁德天皇的父亲应神天皇在位时就已经在难波修建了大隅宫，而且应神天皇还是在大隅宫驾崩的。但是不管怎么变，大和都是古代日本的中心，即便有时都城会迁往他处，但最终还是要回归大和。履中天皇即位后，将都城迁回大和，和神功皇后一样，居住在大和磐余雅桜宫。反正天皇即位后，又将都城迁往河内的丹比。丹比处于难波和大和的中间位置，可能是考虑到交通问题，所以反正天皇才决定建都于此。

继体天皇在母亲的出生地越前长大，后来在北河内郡的樟叶宫即位。即位之后，先后将都城迁到了缀喜郡的筒城宫和乙训郡的弟国宫。两次迁宫的原因至今不明，不过从樟叶宫、筒城宫和弟国宫的地理位置来看，它们离当时的中央地区大和越来越近，所以继体天皇不断迁宫可能是为了渐次向中央靠近。最终，继体天皇将都城迁到了大和磐余，自此之后很长一段时间，都城就没有再迁出大和地区。

推古天皇[24]在位期间，日本与中国建立联系，中华文明开始源源不断输入日本。政府架构及都城规划等也随之发生巨大变化。推古天皇最初是住在丰浦宫，后来迁往小垦田宫，两座宫殿都位于飞鸟。舒明天皇和皇极天皇即位后，仍继续将都城设在飞鸟。可以说，当时的飞鸟俨然成为一处固定的都城。孝德天皇大化改新之际，曾一度将都城迁到了难波，但为了不负众望，齐明天皇即位后又将都城迁回了飞鸟。天智天皇曾追随景行天皇的足迹，将都城迁往近江的大津，但受到舆论的反对，到天武天皇时又将都城迁回了飞鸟。持统天皇和文武天皇所住的宫殿亦是位于飞鸟地区。元明天皇在位时，将都城从飞鸟迁往奈良，建了一座非常宏伟的平城京，并期望千秋万代都能够以此为都城。此后历七代七十余年，虽然期间也偶有迁都之事发生，但绝大多数时间都还是以平城京为都城。无论是飞鸟，还是奈良，都是属于大和地区。桓武天皇即位后，将都城从平城京迁往山城，自此以后大和地区就再也没有成为都城的所在地。

以上所述的迁都，从文字上来看都是真正意义上的迁都，从

24. 编辑注：日本第 33 代天皇（592 至 628 年在位），日本历史上第一位女天皇。

政治上来看也都有其特别的理由。在接下来的章节中，我将对每次迁都的缘由进行介绍。

最后，引《万叶集》中高市连古人的一首诗歌作为本章之结尾。

《感伤近江旧都作歌》[25]

难道此身是，旧朝官仕人。

故都今日见，何故竟悲辛。

25. 译者注：引自湖南人民出版社出版的《诗苑译林——万叶集》，杨烈翻译。

2

飞鸟京固定以前的都城

2

2.1 高千穗宫的传说

据传说，高千穗宫是神代的都城，但由于其年代过于久远，且情节比较简单，在今天已经无法对其进行考证了。关于高千穗的所在，自古至今有各种各样的传说。一种说法是高千穗是山岳的名称，是天孙降临的落脚点。至于这山岳在何处，也是众说纷纭——有日向的高千穗峰、高千穗町的二上山、槵触峰和添山等说法。另一种说法是高千穗是指日向国西臼杵郡智铺乡，或是指日向国西部诸郡县的东雾岛山。本居宣长[1]认为这两种说法都有道理，所以他在选择的时候也是比较踌躇。

天孙轻飘飘地浮在空中，拨开重重云雾，望着人世间的广袤大地，心想究竟该降临在哪座山峰好呢？——去求证这样一个传说的真实性是非常困难的。另外，将神代的都城究竟在何处当作史实去进行研究，而且非要确定其在现实中的哪一地区，这本身也是件困难的事情。但是，至少在编纂《日向风土记》的奈良朝初期，日本国的百姓公认的天孙降临之地并不是雾岛山，而是臼杵郡的智铺乡，即今天的高千穗村。《日向风土记》中对此有明确的记载。智铺乡这一地名不仅在臼杵郡有，在肥后国的阿苏也

1. 译者注：日本江户时期的国学四大名人之一（其他三位是荷田春满、贺茂真渊、平田笃胤），又号芝兰、舜庵。日本复古国学的集大成者。早年上京都学习儒学、医学。回乡后边行医为业，边研究国学。长期钻研《源氏物语》《古事记》等日本古典作品。

有。可以看出，从肥后国的阿苏一直到日向国的五濑川上游地区，在很早以前就已经有了天孙降临的传说。对于雾岛山是天孙降临地点的传言，古代传说中没有任何记载，只是后人在大隅噌吁郡附近寻找天孙降临地点的时候，觉得东西雾岛山相对而立，很像传说中的二上山，而神话传说中的槵触峰或槵日峰有神灵之火的意思，这和雾岛的火山正好相符，于是就猜测雾岛山是天孙降临的地点。其他人也没有到实地考察就简单地随声附和，结果导致这一猜测逐渐成为一种非常有力的说法。“雾岛山说”其实并不是始于近世，《尘袋》[2]一书收录了天孙降临到噌吁郡高千穗峰的传说，并表明是引自《日向风土记》。虽然后来查实在《日向风土记》中并没有此内容，但是从《尘袋》中有这样的记载来看，“雾岛山说”在《尘袋》成文之前就应该已经存在了。东雾岛山的山顶上有所谓的天逆矛，橘南谿[3]在《西游记》[4]中将其视作神代的遗物，写得神乎其神，其实真实情况并不是他写的那样。总之，早在一千二百年前，人们就已经相信今天的西臼杵的高千穗是天孙降临的地点。

2. 译者注：《尘袋》是日本的一套辞书，共11卷，著者不详，成书于镰仓中期文永至弘安年间。
3. 译者注：橘南谿，江湖后期的医生、文人。本名官川春晖，伊势人。著有《西游记》《东游记》和《伤寒论分注》等。
4. 译者注：《西游记》是橘南谿写的一本旅行见闻集，记录了作者在山阳、西海和南海诸道旅行时所见到的奇事和听到的异闻等。

据说，天孙先是降临到高千穗，然后迁到了日向的笠狭宫。古时候，笠狭被认为是萨摩的加世田，但现在看来这一说法未必正确。根据考古学家的研究，在大隅和萨摩两国中，关于天孙族群的遗迹非常少，而在一山之隔的日向国则非常多。在大隅和萨摩，天孙族群的遗迹虽然不能说一点没有，但大部分都是在此地设立国府，有国司赴任之后才出现的。在此之前，虽然也可能会有天孙族群的风俗传进来，但肯定不多。据此可以看出，在上古时代，日向和萨隅（萨摩和大隅）两地的住民应该属于两个不同的族群。毫无疑问，萨摩和大隅的住民属于熊袭隼人族。虽然有一种说法认为隼人也是天孙的后裔，但我不这么想。此问题说来话长，在此暂不表述，总之在萨摩寻找天孙族群的上古遗迹，是一件很冒险的事情。与之相反，如果在今天的日向地区去寻找传说中的笠狭宫，这应该是妥当的。

这样一来，所谓的笠狭宫究竟在何处，与高千穗宫又有什么异同等问题就出现了。神代三世是否经常住在高千穗宫，这又是一个问题。不管怎么说，高千穗肯定是指某一个固定的地方，这是毋庸置疑的。《古事记》载，彦火火出见尊住在高千穗宫，其陵墓位于高千穗山的西侧。《日本书纪》载，神武天皇东征之前亦是住在高千穗宫。可以看出，神代的都城就是高千穗，但至于其所在则是不甚明了。古人认为神代的高千穗就是臼杵郡的高千穗地区，但如果今天到实地去探查的话，则一点也看不到神代都城的痕迹。至于所谓的笠狭宫，根据《日本书纪》和《古事记》的记载，应该是当时的一座临时行宫，并不应该被算作都城。有一种说法，是在今天的狭野或都城[5]等地有神武天皇东征以前住过的宫殿，还说神武天皇就是诞生在狭野，所以在狭野地区神武天皇被尊称为狭野尊。此外，《天书》中将狭野宫标记为宫崎宫，并认为其就位于今天的宫崎附近。至于《天书》中记录的此内容是否可信，这又是一个问题。

总之，通过《古事记》《日本书纪》和各地的风土记等书籍，我们只可以了解到古人对神代都城是如何认识的。在今天如果想对此问题继续进行深入研究，最终探明神代都城究竟在何处，则是一件极为困难的事情。

5. 译者注：都城是宫崎县西南部的一个小城。

2.2 大和平原的诸宫：神武—景行

神武天皇通过东征，让大和地区的不服从者全部臣服于自己的皇威之下，然后在亩傍的橿原宫昭告天下。这在日本建国史上是极为重要的一件大事，标志着日本国正式形成，因此神武天皇也赢得了“始驭天下之天皇”的尊称。橿原宫位于亩傍山的东南，今日的官币大社[6]橿原神宫就是在推测的旧址上重建的。

自神武天皇至开化天皇这八代天皇的事迹几乎就没有任何历史记载，唯有宫殿的名称、皇后皇子的名称、即位及驾崩的年代、活了多少岁等内容被传了下来。比较容易记忆的历史事迹没有被传下来，反而是那些比较难记忆的固有名字和年代被传了下来，这真的是让人费解。在古代为了避天皇的名讳，不能直接称天皇的名字，就用宫名来代指天皇，所以说天皇所居住的宫殿是一定要被流传下来的。而且，这八代天皇的宫殿都没有脱离大和平原这一地区。当时的国家面积是非常小的，尽管天皇所居住的宫殿仅位于大和平原的一隅，但皇威却可以覆盖到整个大和平原。

绥靖天皇的宫殿位于葛城的高丘宫，据说就位于今天南葛城郡吐田乡村的森胁。仁德天皇的皇后磐之媛是葛城袭津彦的女儿，在葛城的高宫建有离宫。苏我氏一直将葛城当作自家的大本

6. 译者注：官币大社是日本神社社格中最高级别的神社，由宫内省直接供奉币帛。

营，苏我虾夷[7]更是在葛城的高宫修建了祖庙，并在祖庙内奏八佾舞[8]。后来这一地区也因此被称为高宫乡。

安宁天皇居住在葛城的片盐浮穴宫，和高丘宫一样，都位于大和平原的西南地区。不过，《古事记》载安宁天皇的都城不是在葛城，而是在河内。《国史眼》等书籍也都沿用了这一说法。在此，我不得不略陈己见以辩之。在各种旧说中，浮穴宫一直被认为是位于大和平原。《帝王编年纪》载其位于高市郡，亩傍山北侧。现在亩傍山的北侧是曾我村。在日语中，“曾我”与“苏我”的发音相同，所以此村庄应该是和苏我氏有着很深的渊源。苏我马子曾说：“葛城臣之本居。”苏我马子的妹妹被叫坚盐媛，片盐浮穴宫的片盐即坚盐，所以说片盐可能是曾我村附近的一处地名。曾我村位于今天的高市郡内，距葛城很近，这里在古代属于苏我马子所说的葛城范围内。这样看来，《帝王编年纪》中的记载相对比较可信。延宝年间编写的《和州旧迹幽考》仅指出片盐浮穴宫位于今天白橿村四条的北侧，至于为何得出这一结论则没有任何证据。《大和志》认为片盐浮穴宫位于北葛城郡的浮穴村三仓堂，理由也依然不明。浮穴村这一村名是后来新取的，所以

7. 译者注：苏我虾夷的父亲苏我马子过世后，由苏我虾夷继任大臣。苏我虾夷从推古天皇末年到皇极天皇的时代，权倾朝野。《日本书纪》中记载他的名字为苏我虾夷，通称为丰浦大臣。《上宫圣德法王帝说》中记载他的名字为苏我丰浦毛人（苏我毛人）。
8. 译者注：八佾舞，亦作“八溢”“八羽”。古代天子用的一种乐舞。佾，舞列，纵横都是八人，共六十四人。

并不能当作证据。但不管哪种说法，片盐浮穴宫位于大和平原却是不争的事实。《万叶集》将河内的片足羽河标音为“katashiwa”，这和片盐的发音“katashio”极为相似，所以才导致部分人认为片盐浮穴宫位于河内。尽管除此之外还有一些其他的旁证，但大都比较薄弱，基本无可取之处。另外从当时的时势来考虑，天皇根本不可能将都城设在大和平原以外的地区。

懿德天皇即位后，将都城迁回到亩傍地区，所居住的轻曲峡宫位于橿原宫的东南方。现在白橿村中依然保留着大轻这一大字[9]区划。推古天皇时，轻曲峡宫所在的位置被称为“轻街”，天武天皇时被称为“轻市”，都是非常繁华的地区。另外，这一地区现存的“轻寺”也非常出名。曲峡位于轻町西南五百多米处，现在被称为“mawariosa”的小字[10]区划即过去的曲峡。

孝昭天皇即位后，将都城又迁回葛城，并居住在掖上池心宫。掖上池是推古天皇建造的一处水池，位于今天南葛城郡秋津村的池内，掖上村玉手位于其北侧，据说就是当年的宫址。

孝安天皇即位后，将都城迁到了室地的秋津岛。今天秋津村内的室地名称即来源于这一历史事件。室秋津岛宫位于掖上池心宫和葛城高丘宫的中间地带，离亩傍和葛城两方的都城都很近。特意将都城选在这一地区，应该是有着其他深层次的原因。

9. 译者注：大字为日本古代町村内的区划名称。

10. 译者注：小字为日本古代町村内的区划名称，面积比大字要小。

孝灵天皇稍有不同，将都城迁出了大和平原，建造了黑田庐户宫。今天矶城郡都村内有黑田和宫古两个相邻的聚落，其名称可能和古时的黑田庐户宫有关。但是，这仅是我们根据其名称得出的结论，如果从地形上来看，此地低洼潮湿，根本不适合用来建造都城。

孝元天皇追随应神天皇的足迹，再次将都城迁回到轻地，居住在镜原宫。《帝王编年纪》载镜原宫位于轻地大路的西侧。这是一条贯穿大和平原的大路，除镜原宫外，还有一座被称作“榊原”的天神祠也是位于大路西侧。

开化天皇即位后，将都城迁到到了大和平原的西北角，在奈良修建了春日率川宫，位于今天奈良市子守町率川的旁边。和之前的那些宫殿相比，春日率川宫确实有些偏远，但总归还没有脱离大和平原。

崇神天皇的地位与神武天皇相当，两人都被尊称为“御肇国天皇”。神武天皇创建了日本帝国，而成神天皇则是扩张了日本的领土，使其成为一个真正的大帝国。崇神天皇在位时，皇权得到极大发展，四道将军[11]的派遣和异俗诸藩的归顺都是在其执政期间。另外，自崇神天皇起，历史事件的记载逐渐变得准确起来。崇神天皇在大和平原的东部山麓地区营建了矶城瑞篱宫。宫殿旧

11. 译者注：“四道将军”是指天皇派往西道、北陆、东海、丹波四个地区的将军，用来征讨不服大和朝廷者。

址位于今天矶城郡三轮町内，自三轮到初濑途中的金屋旁边。之所以将都城迁到这一地区，也有其深层次的含义。从当时的时势来看，此地为进入伊贺名张街道的入口，与东部的交通极为方便，可以更好地控制东部地区。宫名中的“矶城”即“石城”之意，在古语中“矶城”又被称作“矶坚城”，因此可以看出当时的都城应该有着用石头建成的牢固的城墙。

垂仁天皇居住在缠向的珠城宫。景行天皇居住在缠向的日代宫。据说两座宫殿都位于现在矶城郡缠向村穴师的旁边。不过还有一种说法，是位于现在矶城郡织田村箸墓的旁边。不管具体是在何处，总之都是位于瑞篱宫的北边，而且都是位于大和平原的东部山麓地区。前文已述，景行天皇在位时，皇威进一步加强，并在晚年时将都城迁到了近江湖畔的志贺高穴穗宫，即今天滋贺郡阪本村的穴太地区。景行天皇之所以晚年将都城迁到志贺高穴穗宫，其实也有着很深的考虑。志贺高穴穗宫靠近唐崎，是古代通往东海[12]和东山[13]两道的水上要津。关于志贺高穴穗宫的详细内容，我在后文中的大津宫小节中还会予以详细介绍，所以在此就暂不赘言了。总之，景行天皇东征以后，皇威扩展到东国和北越

12. 译者注：东海道，五畿七道之一，畿内之东、东山道之南，主要是沿海地区，包括伊贺、伊势、志摩、尾张、三河、远江、骏河、甲斐、伊豆、相模、武藏、安房、上总、下总和常陆十五国。

13. 译者注：东山道，五畿七道之一，以畿内的东方山地为中心，包括近江、美浓、飞驒、信浓、上野、下野、陆奥和出羽八国。

地区，天皇迁都志贺高穴穗宫，其实是为了更好地利用这处水上要津控制东山和北陆[14]两道。

成务天皇即位后，继承祖先遗业，整顿地方政治，依然选择居住在志贺高穴穗宫。仲哀天皇也是在此宫即位，不过后来在远征时曾临时把都城迁往长门的丰浦和筑前的香椎。

神功皇后完成征韩大业后，将都城迁回了大和平原，营建了磐余稚樱宫，位于今天矶城郡樱花町西南方安倍村的池内地区。前文已述，神功皇后征服朝鲜半岛后，皇威向日本西部扩展，这时都城的选址已不能只考虑如何控制东方各国，同时还必须考虑到如何控制西部各国和朝鲜半岛，将都城迁回大和平原可以更好地控制上述领土。另外，从神武天皇被尊称为“神日本磐余彦尊”可以看出，神武天皇应该也在磐余居住过。

14. 译者注：北陆道，五畿七道之一，包括若狭、越前、加贺、能登、越中、越后和佐渡七国。

2.3 大和平原的诸宫：应神—继体

和懿德、孝元两位天皇的宫殿一样，应神天皇的轻岛丰明宫也是位于大轻[15]地区。不过，应神天皇后来将都城迁到了难波的大隅宫。此宫殿究竟是前代天皇所建，还是应神天皇所建，至今还不太清楚。总之，当时难波这一海上要津地理位置非常重要，将都城迁往此地也是必然。另外，应神天皇还在大和平原的南部山地、吉野川的上游修建了一座吉野离宫。据说应神天皇在位期间，国栖人初来朝见。国栖人是居住在吉野川上游的异俗人，那里山峻谷深，虽然离都城不远，但自古以来都没有道路交通。国栖人来朝之后，应神天皇在吉野川上游修建了吉野离宫，用来加强与国栖人的联系。不过吉野离宫并不是位于今天的吉野山，而是位于国操村的宫泷地区。

仁德天皇居住在难波高津宫，即今天所在的位置。关于难波高津宫的具体位置有各种各样的说法，在后文难波京一节中，我还会予以详细介绍，在此暂不赘述。

履中天皇和神功皇后一样，都是住在磐余的稚樱宫。为了跟神功皇后区分开，履中天皇又被称为后稚樱朝，住的宫殿被称为后磐余稚樱宫。

15. 译者注：大轻位于奈良县橿原市。

反正天皇住在河内的丹比柴篱宫，位于难波和大和的中间地带。仁德天皇十四年（326），从高津宫南门开始修了一条直达河内丹比邑的大道。丹比柴篱宫的宫址位于今天中河内郡松原村的上田。从宫名可以看出，丹比柴篱宫应该有着用木头围成的篱笆墙。

允恭天皇将都城迁回大和平原，修建了远明日香宫，位于今天高市郡飞鸟村的飞鸟地区。飞鸟地区位于高市郡南部，是阿知使主[16]一族繁衍生息的地方。据说，应神天皇二十年（289），阿知使主率领其家眷和十七县的民众归顺日本，因此飞鸟地区也被公认为是最早引入中华文化的地区。后来的飞鸟京也是发源于此地，而早在飞鸟京之前允恭天皇早已将都城设在了飞鸟地区。另外，允恭天皇还为宠妃衣通姬修建了藤原宫和茅渟宫，在后文中还会予以详细介绍。

安康天皇居住在石上穴穗宫，其位置和缠向基本相同，都是位于大和平原东山的山麓，不过石上要比缠向更靠北一些。石上神宫收藏了很多兵器，这其中既有素戋鸣尊击退八岐大蛇用的宝剑，又有垂仁天皇的皇子五十琼敷命在茅渟菟砥川上宫锻造的一千把剑。在五十琼敷命皇子与木梨轻太子争夺皇位的时候，这里也许是被五十琼敷命当成了武器库。《帝王编年记》载，石上穴穗宫位于石上左大臣家的西南，古川的南岸。左大臣指的是石

16. 译者注：阿知使主即汉献帝的玄孙刘阿知，为避难携家眷逃亡日本。

上麻吕。古川指的是布留川，从石上神宫下方一直流亡丹波市的二阶堂方向。石上穴穗宫的宫址位于今天丹波市西南的田村地区。

雄略天皇居住在初濑朝仓宫。《帝王编年记》载其位于磐坂谷；《旧迹幽考》载其位于长谷南边一里地的地方；《大和志》载其位于黑崎和岩坂二村的中间，旧时的岩坂村就位于今天朝仓村的里面。总之，初濑朝仓宫应该位于现在初濑町的西南部，所在的位置和崇神天皇的矶城瑞篱宫应该差不多。此外，雄略天皇还经常行幸吉野离宫。此宫与应神天皇的吉野宫究竟有何关系，现在还不太清楚。有一种说法，是雄略天皇的吉野离宫位于川上村的大泷附近，也是位于吉野川的上游，而且位置比应神天皇的吉野宫更为靠上。关于吉野宫的情况在后文中我还会予以介绍，在此就暂不赘述了。

清宁天皇居住在磐余的瓮栗宫。瓮栗宫的宫址与神宫皇后和履中天皇的宫殿所在的位置基本相同，都是神武天皇所住宫殿的旧迹。《帝王编年记》载瓮栗宫位于十市郡白香谷，之所以得出这一结论，可能与清宁天皇的尊称中有“白发”[17]一词有关。

清宁天皇驾崩后，显宗和仁贤两天皇相继即位。两位天皇为兄弟，但均没有亲政，而是由其姐姐饭丰青皇女摄政。饭丰青皇女住在忍海角刺宫。今天南葛城郡忍海村有一个小的祠堂，据说

---

17. 译者注：清宁天皇在《日本书纪》中被称作“白发武广国推稚日本根子尊”，在《古事记》中被称作“白发大倭根子命”。

就是当年忍海角刺宫的所在地。当时的歌人曾作歌：“大和平原最想见，忍海高城角刺宫。”可以看出，当时的忍海角刺宫应该是一座很气派的宫殿。

显宗天皇在近飞鸟八钓宫即位。为了区别于允恭天皇的远飞鸟宫，所以才被称为近飞鸟八钓宫。至于两者有何关系，现在还不清楚。有人认为之所以用远近来区分，可能是因为后来的历史学家根据其年代距离今天的时间长短给做的区分。另外，《古事记》载大和平原的飞鸟被称为远飞鸟，而河内地区的飞鸟被称为近飞鸟，但这一说法有些不太可信。今天在飞鸟地区名为八钓的地方有两处，一处位于飞鸟的东部，另外一处比第一处稍微靠北一点，位于香山附近。为了跟前者区分开，后者被称为下八钓。近飞鸟八钓宫就位于下八钓。在平城京时代，也许是因为下八钓离奈良更近一点，所以被称为近飞鸟八钓。《日本书纪》载飞鸟京的旁边是耳成山和亩傍山。耳成山位于下八钓的西北，亩傍山位于下八钓的西侧，可以看出在当时飞鸟的范围已经达到了这一地区。然而，允恭天皇的宫殿为何被称为远飞鸟宫，这可能是因为自推古天皇定都飞鸟以后，飞鸟在很长一段时间内其实已经是一座相对固定的都城。飞鸟宫基本是对自此以后的诸宫殿的称呼，而允恭天皇的宫殿是很久之前的古老宫殿，所以被称为远飞鸟以作区别。显宗天皇在播磨的小野和池野还建了别宫，这两处别宫都位于现在的美囊郡，这可能与显宗天皇幼年曾在这一地区生活过有关。还有一种说法，是显宗天皇在瓮栗也建有宫殿，而且与清宁天皇的磐余瓮栗宫基本位于同一地区。

仁贤天皇居住在石上广高宫，与安康天皇的穴穗宫基本位于同一地区。《帝王编年记》载石上广高宫位于石上左大臣家的北边，穴穗宫附近；《大和志》载石上广高宫位于二阶堂村的嘉幡。另外，仁贤天皇在亦川村和缩见高野还分别建有别宫。这两处别宫也都是位于播磨的美囊郡，之所以选择在这里建造别宫，可能也是因为其曾在这里生活过的缘故。

武烈天皇居住在泊濑列城宫，和雄略天皇的朝仓宫基本位于同一地区，大致在今天岩坂北边的出云地区。

《古事记》载继体天皇居住在磐余玉穗宫，与神功皇后、履中天皇和清宁天皇的宫殿位于同一个地区。往大了说，磐余、初濑、飞鸟、亩傍都在大和平原的东南部，所以说所有宫殿其实都位于同一地区也不为过。不过，据传说继体天皇还有另外几处宫殿，一处是位于河内北端淀河附近的樟叶宫；另一处是与樟叶宫隔河相望，位于山城乙训郡的弟国宫；还有一处是位于与仁德天皇的皇后磐之媛有很深渊源的缀喜郡。以上地区都留有一些宫殿的遗迹，对此我们一定要予以重视。

2.4 大和平原的诸宫：安闲—崇峻

安闲天皇的勾金桥宫与之前的都城稍有不同，它又迁回了亩傍地区，据说在亩傍山的西北。金桥村的曲川至今仍保留着其遗迹。《日本书纪》载勾金桥宫位于广濑的勾原，应该指的就是这一地区。

宣化天皇居住在桧隈庐入野宫，位于今天高市郡坂合村桧前附近。这一地区位于飞鸟的西南，轻地的南边，是阿知使主一族繁衍生息的地方。

钦明天皇居住在矶城岛金刺宫，和崇神天皇的宫殿位于同一地区，相当于现在三轮町金屋附近。《古事记》载矶城岛金刺宫为师木岛的大宫，可以看出这应该是一座非常宏大的宫殿。《日本书纪》载钦明天皇除矶城岛金刺宫外，还有难波祝津宫、樟勾宫、泊濑柴篱宫等宫殿。还有一种说法，是钦明天皇以后的五代天皇全都住在橘京，并在飞鸟南部高市村营造了宫殿。对此在后文中我还会予以详细介绍。

敏达天皇在百济大井宫即位，位于今天北葛城郡百济村。后来敏达天皇命占卜师在海部王的家地和丝井王的家地选择新的宫址，最终选定了译语田，并在此营造了幸玉宫。《延喜式》[18]载

18. 译者注：《延喜式》是将平安初期的宫中年中仪式及制度等用汉文记录下来的文献，共50卷，905年，藤原时平、纪长谷雄、三善清行等受天皇敕命编修而成。

他田坐天照御魂神社位于式上郡。在古语中，译语田的发音与他田相同，都为“okida”，所以说译语田幸玉宫可能也位于式上郡，即今天的矶城郡。缠向村太田可能就是古时的译语田。但是有很多古书记载译语田幸玉宫位于磐余，并不是位于缠向地区。《太子传拾遗记》载其位于大佛供东侧的开智伊。大佛供即今天城岛村的戒重。据传说，戒重旁边的小字宫所就是古时的开智伊，现在这一地区属于高市郡，但在过去这里是十市郡磐余的一部分。

用明天皇居住在池边双槻宫，位于磐余池的旁边，离稚樱宫、瓮栗宫和玉穗宫等非常近。《太子传拾遗记》载磐余池边双槻宫位于阿倍寺的北山，即今天长门里的东松本山。

崇峻天皇居住在仓梯柴垣宫，位于磐余东南多武峰村的小字仓梯。后来文武天皇的仓桥离宫是否也位于此地，现在还不是很清楚。

概括来说，以上所述的诸代天皇的宫殿主要分布在四个地区：一是大和平原以外，数目少且大都是短期；二是大和平原的东南部，亩傍、轻地、桧隈、飞鸟、磐余、泊濑、仓梯和缠向等都是属于这一地区；三是大和平原的西南部，葛城属于这一地区；四是大和平原的西南部，但离葛城远一些的地区，石上和春日属于这一地区。可以看出，当时的迁都其实指的就是迁宫，真正称得上迁都的例子几乎就没有。后来，推古天皇定都飞鸟，日本的都城才固定下来。在下一章中还会对此予以介绍。

2.5 飞鸟京固定以前的诸宫一览

前文已述，由于时间太久远，天皇宫殿的遗迹大都漫漶无存，想对其进行实地探寻那是极为困难的一件事情。现在只能根据地名及古书中的记载，尝试着将其与当今的地点一一进行对应，其结果大致如下表所示。这些结果很难说精确，但是与《大和志》等书籍中的记载相比，还是加了一些研究的，所以相对来说更为可信。

神代三世	高千穗宫	不详，但天孙降临的传说中高千穗是指日向西臼杵郡高千穗村
神武天皇	亩傍橿原宫	高市郡白橿村亩傍（亩傍山的东南）
绥靖天皇	葛城高丘宫	南葛城郡吐田乡村森胁地区（？）
安宁天皇	片盐浮穴宫	高市郡白橿村四条的北侧，另有一说法说其位于南葛城郡浮穴村三仓堂
懿德天皇	轻曲峡宫	高市郡白橿村大轻见濑附近
孝昭天皇	掖上池心宫	南葛城郡掖上村玉手秋津村池内附近
孝安天皇	室秋津岛宫	同郡秋津村室地
孝灵天皇	黑田庐户宫	矶城郡都村黑田（？）
孝元天皇	轻境原宫	高市郡白橿村大轻见濑附近

开化天皇	春日率川宫	奈良市子守町率川附近
崇神天皇	矶城瑞篱宫	矶城郡三轮町金屋
垂仁天皇	缠向珠城宫	矶城郡缠向村绪玉卷墓附近
景行天皇	缠向日代宫	矶城郡缠向村穴师附近，晚年迁都近江志贺高穴穗宫
成务天皇	志贺高穴穗宫	近江滋贺郡坂本村穴太
仲哀天皇	穴门丰浦宫	长门丰浦郡长府村丰浦
	筑紫香椎宫	筑前糟屋郡香椎村香椎
	角鹿笥饭宫	越前敦贺郡敦贺町气比神宫的所在地
	纪伊德勒津宫	纪伊海草郡中之岛村附近
神功皇后	磐余稚樱宫	矶城郡安倍村池内附近
应神天皇	轻岛丰明宫	高市郡白橿村大轻附近
	难波大隅宫	摄津西成郡大道村附近
	吉野宫	吉野郡国摔村宫泷
仁德天皇	难波高津宫	摄津大阪市大阪城附近
皇后磐之媛	筒城宫	山城缀喜郡普贤寺村多多罗（？）
履中天皇	磐余稚樱宫	矶城郡安倍村池内附近
反正天皇	丹比柴篱宫	河内中河内郡松原村上田（？）

允恭天皇	远飞鸟宫	高市郡飞鸟村飞鸟
妃衣通姬	藤原宫	同郡鸭公村高殿（？）
	茅渟宫	和泉泉南部上之乡村中村（？）
安康天皇	石上穴穗宫	山边郡丹波市村田村（？）
雄略天皇	泊濑朝仓宫	矶城郡朝仓村黑崎岩坂附近
	吉野宫	吉野郡川上村大泷或是与应神天皇的离宫处于同一位置
清宁天皇	磐余瓮栗宫	矶城郡安倍村池内附近
饭丰天皇	忍海角刺宫	南葛城郡忍海村忍海
显宗天皇	近飞鸟八钓宫	矶城郡香久山村下八钓或是高市郡飞鸟村八钓
仁贤天皇	石上广高宫	山边郡丹波市村田村附近（？）
武烈天皇	泊濑列城宫	矶城郡初濑町出云（？）
继体天皇	樟叶宫	河内北河内郡樟叶村楠叶
	筒城宫	山城缀喜郡普贤寺村多多罗（？）
	弟国宫	山城乙训郡大原野村（？）
	磐余玉穗宫	矶城郡安倍村池内附近（？）
安闲天皇	勾金箸宫	高市郡金桥村曲川
宣化天皇	桧隈庐入野宫	高市郡坂合村桧前

钦明天皇	矶城岛金刺宫	矶城郡三轮町金屋附近
	泊濑柴垣宫	同郡初濑町附近（？）
	橘宫（钦明以后代代）	高市郡高市村橘地附近
敏达天皇	百济大井宫	北葛城郡百济村百济（？）
	他田幸玉宫	矶城郡城岛村戒重
用明天皇	池边双槻宫	同郡安倍村阿部字长门附近
崇峻天皇	仓梯柴垣宫	同郡多武峰村仓桥

最后以一首和歌作为本章之结尾：

《新敕撰》

矶城古都众，俱已地下藏。

旧迹无所见，美雪覆新冈。

3

飞鸟京

3.1 飞鸟的位置

自神武天皇定都橿原以来，日本历代天皇频繁迁都，但大都没有脱离大和平原，仅是在大和平原内迁来迁去而已。不过，自推古天皇定都飞鸟以后，都城基本呈现出固定态势，虽然偶尔也有迁移到别处的情况发生，但大都于不久之后迁回飞鸟，而且以飞鸟京为中心形成了所谓的飞鸟时代。

今天的高市郡飞鸟村大字飞鸟依然保留着“飞鸟”这一地名，但旧时的飞鸟京并不仅限于此，范围要比现在大得多。《日本书纪》载允恭天皇在位时曾有新罗使者前来朝见。新罗使者非常喜欢到京城附近的耳成山和亩傍山游玩。允恭天皇在位时居住在远飞鸟宫，而耳成山和亩傍山位于远飞鸟宫的西北，离远飞鸟宫还有很长一段距离。《日本书纪》中的上述记载是我们了解飞鸟京范围的好材料，大致可以判断出当时飞鸟京的边界应该已经达到耳成山和亩傍山附近。

《万叶集》中有一首名为《从明日香宫迁居藤原宫之后，志贵皇子御作歌》的和歌，其中写道：

飞鸟风吹来，娇女袖翩翻。

故都今已远，空余风吹转。

如果仅据此歌的话，那藤原宫看起来像是位于离飞鸟很远的地方，但真实情况是藤原宫就位于飞鸟京内，而歌中的明日香宫指的就是飞鸟净见原宫。除上述和歌外，《万叶集》中还有多首咏诵飞鸟的和歌中提到了藤原宫，这更加证明了藤原宫就位于飞鸟京内。

《和铜三年庚戌春三月，从藤原宫迁于宁乐宫时，

御舆停长屋原回望故乡御作歌》[1]

飞鸟明日香，今日舍而往。

唯恐从今后，谒陵愿难偿。

很明显，根据这首和歌透露的信息，藤原宫就位于飞鸟京内。

《长屋王故乡歌》

吾兄长屋王，故乡在飞鸟。

千鸟悲啭啼，似待故人来。

右[2]，近按，从明日香迁藤原宫后作此歌矣。

后记说，此歌可能作于从明日香迁都到藤原宫之后，这其实是有误的，此歌应为作者在平城京回忆藤原宫时所作。持统天皇八年(694)，天皇将都城从飞鸟迁往藤原，当时长屋王仅有十一岁，这和后记中的记述显然不符。此首和歌的后记究竟是何人所作，现在还不清楚，但可以肯定是平安朝以后的人，因为只有在平安朝，飞鸟和藤原才被认为是两个完全不同的地点，受当时认识的影响，作后记的人不经意就做出了如上注释。但是经后人考证，

1. 译者注：引自人民文学出版社出版的《万叶集选》，李芒翻译。
2. 译者注：日本的书籍多为竖排，“右”即横排中“上”之意。

迁都时藤原宫已经位于飞鸟京的范围内。我们再从实地位置来看，藤原宫位于耳成山的西南，今日飞鸟之西北，距今日飞鸟有3270多米。当年修建藤原宫时，宫城内已有百姓住宅1505处。藤原宫是当时飞鸟京内非常繁华的一处地方。此外，天武天皇在飞鸟净见原宫即位后，在亩傍山东侧的木殿修建了皇家大寺药师寺。药师寺距今日之飞鸟有2700米左右，但依然属于当时飞鸟京的范围内。此寺庙亦是我们了解飞鸟京范围的一个例证。

南都药师寺的东塔始建于白凤九年(672)，是保存至今的唯一一座白凤时代的建筑。

3.2 归化汉人和飞鸟地区

另外，南边的方坂田、稻渊等地也曾属于飞鸟地区。古语中经常把飞鸟和小垦田当作同义词使用。《万叶集》中也收录了咏诵小垦田的坂田的桥的和歌。自飞鸟往西至桧前地区，这一带曾是汉人的移居地，佛教的传播及飞鸟被定为都城都与此有着密切的关系。宝龟三年（772）四月，坂上苅田麻吕[3]在奏章中写道："先祖阿智使主，轻岛丰明宫驭宇天皇[4]御世，率十七县人夫归化，诏赐高市郡桧前村而居焉。凡高市郡内者，桧前忌寸及十七县人夫，满地而居，他姓者十而一二焉。"这或许有些夸张，但是高市地区汉人多，却是不争的事实。或许是同种族的缘故，那些后来渡洋而来的汉人也大都被安置于此。先来的汉人会称后来的汉人为"新来人"。在推古天皇在位期间，跟随小野妹子留学隋朝的新汉人大国、新汉人日文等都是属于这一族群。此外，据推测当时的留学生也大多是这一地区的汉人。或者可以这样认为，新汉人是对阿知使主等人的称呼，甚至还有可能是对更早的渡洋而来的汉族人的称呼。总之，高市郡在当时几乎就是一个完全由汉族人构成的郡。古时有今来郡这一地名，可能是高市郡的别名。不过，

3. 译者注：坂上苅田麻吕，汉人阿知使主的后人，奈良时代的武将，在平叛藤原仲麻吕之乱中立功，历任中卫少将、陆奥镇守将军等职。
4. 译者注：轻岛丰明宫驭宇天皇就是应神天皇。

在今天桧前村的西南方向，吉野郡大淀村里有个叫今木的地方，今木和今来在日语中的发音相同，所以说今来郡还有可能是高市郡内的一个地方。大臣苏我虾夷曾在今来造了父子墓，即所谓的今来双墓，现存于南葛城郡古濑的水泥地区。这一地区古时候应该是属于今来的范围内。

可以看出，从今天的南葛城郡东南部一直到高市郡生活着大量的汉人，他们在这一地区开创了一种全新的文明。因此，佛教渡来以后，他们在飞鸟地区率先得势也就不是偶然了。

佛教渡来时，竭力辅佐苏我氏昌兴佛教的司马达等[5]就是这一地区的坂田居民。据《扶桑略记》引用的日吉山药恒法师的《法华验记所引延历寺僧禅岑记》记载，继体天皇十六年（522），司马达等从中国南梁来到日本，居住在坂田原。虽然此渡来故事尚有可疑之处，但是至少可以确定他们一族曾住在飞鸟地区的南部，即今天的坂田地区。坂田南部的稻渊，也就是古代的南渊，是推古天皇朝的留学生南渊请安[6]的居住地。所以说，飞鸟地区是日本最先引入外国文明的地区。早在钦明天皇十三年（552）佛教从百济传入之前，司马达等就已经在此礼佛了。钦明天皇在位时虽然

5. 译者注：司马达等是中国南朝梁人，522年至日本。《扶桑纪略》卷三及《元亨释书》卷一七有载："第二十七代继体天皇即位十六年（522）壬寅，大唐汉人（梁）案部村主司马达止，此年春二月入朝，即给草堂于大和国高市郡坂田原安置本尊，皈依礼拜，举世皆云，是大唐神之。"这是佛教及佛像传入日本的最早记载。

6. 译者注：南渊请安，日本飞鸟时代留学僧人，608年跟从遣隋使小野妹子留学中国，640年与高向玄理一同返回日本，并把隋唐的先进知识带回了日本。

将都城迁离了飞鸟，但大臣苏我稻目[7]的宅邸却依然在小垦田。古时候经常把小垦田与飞鸟当作同一个地名来称呼。苏我稻目位于小垦田的宅邸是最早放置从百济传来的佛像的场所，后来演变成日本历史上的第一座寺庙——丰浦寺。在当时的小垦田，不仅有苏我稻目的宅邸，还有皇室在此地营建的别宫。《书纪集解》里引用的《太子傅备考》中有记：钦明天皇之后的五代都住在橘地。橘地即现在的橘寺地区，旧时所辖的范围要比现在宽广得多。在佛教传入日本时，飞鸟的橘地与皇室有着特殊的关系。厩户皇子是用明天皇的儿子，深受父皇喜爱，被册封为上宫太子后赐居于宫南上殿。据《扶桑略记》载，宫南上殿就位于今天的坂田寺附近。《古事记》和《日本书纪》等载，用明天皇的宫殿位于磐余，名为池边双槻宫。后来多用此宫名来代指用明天皇，所以在史书中此宫比较出名，但在天武天皇的诏书中有“都城宫室非一所”的表述，可以看出在当时的飞鸟地区应该还有其他的宫殿。

另外，佛教也早就在这个地方扎了根。推古天皇在位时，圣德太子曾在今天的橘寺地区讲授《胜发经》。据考证，后来在橘寺北边建成的川原寺就是齐明天皇的飞鸟川原宫的所在地。关于川原寺的起源是众说纷纭。据《七大寺顺礼记》载，川原寺是敏

---

7. 译者注：苏我稻目是苏我高丽之子，有苏我马子等四子三女，他的三个女儿都嫁给了天皇。苏我稻目崇信佛教，对佛教及其他大陆先进文化在日本的传播做出了巨大的贡献。

达天皇在位时所建。除此之外还有其他的一些旁证，所以此种说法的可信度还是很高的。飞鸟地区在很早以前就已经有了好几座寺庙，飞鸟也因此与佛教结下了不解之缘。推古天皇在丰浦宫即位，佛教的地位从此变得不可撼动。飞鸟作为都城在历史上地位显赫，不仅是钦明天皇选定的都城，还是佛教昌兴的根据地。推古天皇在丰浦宫即位后，把别宫也设在了飞鸟。

伊东忠太总结的日本建筑时代划分

<table>
<tr><td colspan="2">第一期</td><td colspan="4">一　佛教传入以前</td><td>古　　代</td></tr>
<tr><td rowspan="9">第二期</td><td rowspan="5">第一分期</td><td rowspan="3">前期</td><td>二</td><td colspan="2">飞鸟时代</td><td>推古时代</td></tr>
<tr><td rowspan="2">三</td><td rowspan="2">奈良时代</td><td>前期</td><td>白凤时代</td></tr>
<tr><td>本期</td><td>天平时代</td></tr>
<tr><td rowspan="2">后期</td><td rowspan="2">四</td><td rowspan="2">平安时代</td><td>前期</td><td>弘仁时代</td></tr>
<tr><td>本期</td><td>藤原氏时代</td></tr>
<tr><td rowspan="4">第二分期</td><td rowspan="2">前期</td><td>五</td><td colspan="2">镰仓时代</td><td>源氏、北条氏时代</td></tr>
<tr><td>六</td><td colspan="2">室町时代</td><td>足利氏时代</td></tr>
<tr><td rowspan="2">后期</td><td>七</td><td colspan="2">桃山时代</td><td>织田、丰臣氏时代</td></tr>
<tr><td>八</td><td colspan="2">江户时代</td><td>德川时代</td></tr>
</table>

3.3 飞鸟京的沿革

推古天皇在丰浦宫即位，十二年后迁都小垦田宫。毫无疑问，这两座宫殿都位于飞鸟的地域内。当时的宫殿是什么样子的，现在还难以说清，但可以肯定的是，当时的宫殿肯定不是“底石根宫柱太敷立，高天原千木高知”这种掘立柱式或绳结式的简单建筑，至少应该是一些加入了中国建筑元素的宫殿。自推古天皇十二年（604）迁都小垦田宫，推古天皇就没有再迁宫，一直到三十六年（628）三月驾崩。

推古天皇驾崩后，舒明天皇即位。舒明天皇二年（630）十月，天皇在飞鸟冈营建新宫并迁都于此，是为飞鸟冈本宫，也有人将其略称为飞鸟宫。舒明天皇八年（636），冈本宫被焚毁，天皇暂时移居田中宫。田中宫位于今天丰浦之西北，亦属于飞鸟京的地域内。田中宫只是一处临时的住所，舒明天皇十一年（639）七月，天皇命人营建百济宫。百济宫位于广濑郡百济川的旁边，据说就是建在了敏达天皇的百济大井宫的遗址之上。自天皇移居百济宫后，都城就暂时离开了飞鸟地区。当时为何会选择这一地区来作都城，原因至今也不是很清楚，可能是因为这一地区的百济人很多，再加上佛教是从百济传入，舒明天皇出于佛教上的考虑所以才决定迁都于此。当时，舒明天皇命百济川以西的百姓修建大型宫殿百济宫，命百济川以东的百姓修建大型寺庙百济大寺。

舒明天皇十一年（639）十二月，天皇命人在百济大寺修建九重塔。百济大寺的前身是圣德太子的熊凝精舍，都城迁往高市后，百济大寺也随之搬迁，改称为高市大寺或大官大寺。后来都城又迁到平城，此寺庙也随之搬了过去，改称为大安寺。总之，此寺庙与迁都的关系密切，一般迁都之后，天皇都会将此寺庙一并搬过去。舒明天皇十一年（639）十二月，天皇行幸了伊豫国的道后温泉。翌年四月，天皇再次行幸此温泉。由于百济宫当时尚未完工，所以舒明天皇只能暂住在厩坂宫。据传说，应神天皇在位时，百济王子阿直岐曾前来日本献上宝马，而厩坂就是当年饲养宝马的地方。百济宫位于轻地，虽然这里也曾屡屡被选作都城的建设地，但全都是暂时性的，都城最终还是会迁回飞鸟地区。在轻地当时已经有了元兴寺、法兴寺等一批有影响力的寺庙。除此之外，还有一批像大臣苏我一样有权势的豪族的宅邸。另外，中华文明的引入者、在佛教昌盛的过程中形成巨大势力的汉人也聚集于此。可以说，百济宫所在的轻地是当时日本的政治中心和文化中心。

舒明天皇十三年（641），舒明天皇在百济宫驾崩，皇后继位，是为皇极天皇。皇极天皇在位时，将都城重新迁回飞鸟地区。舒明天皇居住在田中、百济和厩坂等宫殿的时间加在一起也就两年多，可以说所有宫殿都是临时性的。皇极天皇元年（642）九月，天皇下诏，“朕望自此月起至十二月止营建新宫，于诸国取殿屋之材，东至远江，西至安艺，诸国出造营之丁役”。皇极天皇在飞鸟地区营造了新的宫殿，不过施工期限仅有四个月，据此也可以看出当时的宫殿应该都是非常简单的建筑。是年十二月，皇极天皇移住小垦田宫。小垦田宫可能为推古天皇的旧宫，当时新的宫殿尚未竣工，皇极天皇只能暂时借住在小垦田宫。翌年四月，新宫竣工，皇极天皇从小垦田宫迁入新宫，是为飞鸟板盖宫。从宫殿的名字我们可以看出，之前的宫殿可能都是茅草屋顶或桧树皮屋顶，自飞鸟板盖宫开始使用木板铺设屋顶，为了强调这一技术上的进步，同时也为了区别于之前的宫殿，所以特意取了板盖宫这一名称。飞鸟板盖宫的建造时间比预期推迟了四个月，前后大约用了二百天。虽然新宫的建筑依然颇为简单，但与之前的宫殿相比，其庄严性大为增强。宫城仿照中国的宫城样式开有十二座宫门，中心正殿被称为大极殿。皇极天皇四年（645），中大兄皇子下令关闭十二座宫门，在大极殿起事，诛杀苏我入鹿。大化改新是日本历史上的一件大事，在整个日本历史上能够与其相比的仅有后来的明治维新。当时的飞鸟地区旧势力盘根错节，而且偏居大和平原之一隅，交通极为不便，这对新政府推行新政造成了巨大障碍。为了扫清障碍，新政府决定迁都难波，在难波营造了一座中国风格的新都城。所以说，当时迁都难波是出于政治上的考虑，不过迁都难波后，飞鸟作为旧的都城并没有完全被废弃。

难波宫的事情我在以后的章节中还会予以介绍，接下来我们继续来看飞鸟旧都的变迁。当时在飞鸟地区有着法兴寺、元兴寺和丰浦寺等一大批有影响力的寺庙，它们当然不愿意迁到他处。居住在飞鸟和桧前的汉人就更不用说了，他们也不愿意迁到难波。另外，一些自祖上开始就非常有势力的大家族也都选择留在飞鸟，例如推行新政的左大臣苏我仓山田石川麻吕在飞鸟就有宅邸，而且还供养着一座规模宏大的山田寺。后来苏我仓山田石川麻吕因谋反之嫌而被诛杀，可能与他对飞鸟恋恋不舍有很大关系。不过，当时旧京的势力非常庞大，对新京形成了巨大压力，孝德天皇迁都难波宫后第十年，中大兄皇子鉴于当时的形势，奏请将都城迁回飞鸟旧都，虽然这一奏请未获得孝德天皇的允许，但中大兄皇子最终还是将都城迁回到飞鸟旧都。

孝德天皇驾崩后，之前的皇极天皇再次即位，改尊号为齐明天皇。齐明天皇最初仍住在之前的板盖宫。齐明天皇元年（655）十月，天皇命人在小垦田重建新的宫殿，并且要求用瓦葺屋顶代替之前常用的茅草屋顶或木板屋顶等。但不知何故，此工程中止，新的宫殿最终没有建成，而且板盖宫又罹患火灾，齐明天皇只好移住飞鸟的川原宫。但是，川原宫仅为临时性宫殿。齐明天皇二年（656），天皇在舒明天皇飞鸟冈本宫的旧址上营建了新的宫殿，为了区别于舒明天皇一朝，此宫殿被称为后飞鸟冈本宫。冈本宫位于多武峰西部山麓地带。齐明天皇命人环多武峰一圈建起石墙，并在山上架起高台，是为两槻宫，又被称为天宫。齐明天皇役使丁役在香久山以西至石上山之间开凿运河，动用二百艘舟船将石头运往多峰山，然后再用这些石头砌成石墙。挖运河役使丁役三万余人，砌石墙役使丁役七万余人。由于过度使用劳力，当时的人讽刺新挖的运河为“狂心渠”。环绕多武峰一圈的石墙其实是仿照朝鲜的山城而建。在朝鲜，都城附近的山上大多会另建一座山城，一旦都城被攻陷，君王可以进入山城继续抵抗。据《播磨风土记》载，早在应神天皇年间，居住在播磨的百济人就已经开始建造朝鲜式的山城。不过，日本皇室建造朝鲜式的山城，齐明天皇应该算是第一位。当时的人对齐明天皇如此劳民伤财大兴土木非常不理解，认为这是天皇失政的一大实例。后来孝德天皇的有间皇子图谋叛乱，也是以此为理由之一。齐明天皇七年(661)，朝鲜半岛发生新罗灭掉百济事件，齐明天皇应百济之请亲自出征朝鲜半岛，但于途中一病不起，病逝于筑紫朝仓宫。

齐明天皇驾崩后，中大兄皇太子在飞鸟宫亲政，但飞鸟地区的旧势力庞大，不是想建功立业的君王能够自由发挥施政才能的地方。在中大兄皇太子亲政后第六个年头的三月，中大兄皇太子即天皇位，是为天智天皇，迁都近江大津。这次迁都和大化改新时迁都难波类似，同样受到了飞鸟旧势力的反对，大津京仅仅存续了五年时间——天智天皇驾崩，再加上发生了壬申之乱[8]，都城

8. 译者注：壬申之乱是发生在672年（天武天皇元年）的日本古代最大规模的内乱。一方是天智天皇的太子大友皇子（1870年被追封为弘文天皇），另一方是得到地方豪族相助而揭起反旗的天智天皇之弟大海人皇子（日后的天武天皇），最终大海人皇子获胜，是日本历史上少见的叛乱者胜利的例子。

又一次被迁回飞鸟。

当时的天武天皇其实是飞鸟旧势力的代表，他最初暂居在飞鸟冈本宫。天武天皇二年（673）二月，天武天皇修建的飞鸟净见原宫竣工，他在此宫内举行了正式的登基典礼。天武天皇是一位具有雄才大略的天皇，他肯定不愿意在飞鸟净见原宫安安稳稳地度过自己的一生，所以在天武天皇五年（676），天皇突然宣布迁都新城的计划，并且开始在新城选择建都用地。关于新城的具体位置，现在还不是很清楚，有人说是位于今生驹郡郡山町南部一个叫大字新木的地方。不过也有人不同意这一说法，他们根据后来孝谦天皇诏书中将平城宫称为新城宫的记载，推断新城可能是位于奈良，并且声称后来的平城宫可能就是当初天武天皇选定的地方。然而，迁都新城的计划刚刚购买完土地就终止了，并没有到达具体施工的阶段。天武天皇八年（679），天皇在难波京内建造罗城，并布置防御设施，将其等同于都城来看待。天武天皇十二年（683），天皇在诏书中写道："都城宫室不得一处，必造两参。朕一直欲在难波建都，望百官能前往难波置家地。"从此诏书可以看出，天武天皇意欲将大化改新时的难波京再次确立为都城。不过，这一计划实行起来是极为困难的。鉴于此，天武天皇十三年（684），天皇又派使前往畿内诸国调查适合建都之地，最远的一度到达了信浓地区。不过，这一调查也无果而终。都城依然只能继续留在飞鸟，迁到哪里都不行。最终，天武天皇只能在京内巡幸，选定了一处地点营造新宫。至于其具体位置在何处，现在无人知晓。

朱鸟元年（686），天武天皇驾崩，皇后继位，是为持统天皇。持统天皇在飞鸟净见原宫住了四年，然后选择飞鸟郊外的一处地点修建了新宫，这就是大名鼎鼎的藤原京。从地理上来看，藤原京依然属于飞鸟京的范围内，仅是扩张到了郊外而已。另外，在历史上藤原京又被称为新益京。藤原京与之前的都城相比，无论是在设计上还是在其他方面，都已经有了很大改变，对此，在以后的章节中我还会予以详细介绍。

总之，从定都飞鸟京一直到持统天皇建造藤原宫，虽然多位天皇屡屡计划迁往百济川、难波、大津或是其他的什么地方，甚至某一段时间一度实现了迁都，但无论是计划或是实际迁到了那里，最终还是要回飞鸟地区。

虽说藤原京是一座新式的都城，但由于其依然位于飞鸟地区，所以对有为之君来说，在这里还是难以实现他们的抱负。持统天皇十一年（697），持统天皇将皇位禅让给自己的孙子轻皇子，是为文武天皇。文武天皇即位后，继续在藤原京居住了十年。庆云四年（707），文武天皇突然宣布迁都，当时选定的迁都地点现在已无从所知。

庆云五年（708），文武天皇驾崩。翌年（709），文武天皇的母亲元明天皇即位，她立即颁布诏书，决定迁都平城。从时间上来看，我们不难猜测出文武天皇在位时应该就已经确立了迁都方案，元明天皇即位后立即付诸了实施。当时，飞鸟地区反对迁都者的势力已经从根本上被挫败，再加上要求各大寺也必须迁过去，所以这次迁都才能够最终取得成功。和铜三年（710），元明天皇迁往新京平城京。翌年（711），藤原京被焚毁。自此以后，飞鸟地区永远失去了其作为都城的地位。不过，迁都平城京之后，飞鸟地区的宫殿并不是全部被废弃了。天平宝字四年（759）八月，淳仁天皇曾下令将播磨、备前、备后和讃岐等国上交的谷物储存在小墾田宫，并且亲自行幸此宫。翌年（760）正月，淳仁天皇曾暂住小墾田冈本宫。小墾田即飞鸟，小墾田冈本宫应该就是所谓的飞鸟冈本宫。天平神护元年（765），称德天皇行幸纪伊，途中也曾驻跸小墾田冈本宫。桓武天皇迁都平安京后，难波京被废弃。应该也是在这一时期，飞鸟旧都被完全废弃了。

以上概括性地介绍了一些飞鸟京的沿革。飞鸟京缘起于这里曾是汉人的移住地，汉人带来的中华文明使得这一地区要比当时日本的其他地区更为先进。佛教从百济传入后，首先是在飞鸟地区落地生根，再加上皇室成员、达官贵人竞相信奉佛教，最终在这一地区形成了一种不可动摇的势力。随着时代的发展，政府的构成越来越复杂，越来越多的民众选择到都城生活，这使得迁都变得越来越困难。虽然有部分时间都城也曾迁往飞鸟之外的地区，但均受到了飞鸟势力的强大压制，最终不得不将都城再次迁回飞鸟。但是对明君贤相来说，飞鸟地区的旧势力过于庞大，并不是一个适合推行新政的地方，而且这里交通不便，严重限制了日本的发展。另外，天子讲究面南而治，而飞鸟地区的南部是群山，在风水上飞鸟也不适宜作都城。尽管有如此多应该迁都的理由，但由于迁都会损害到很多人的利益，所以真正将都城从飞鸟迁往别处并不是一件容易的事。明治维新时，大久保利通曾建议舍弃一千余年的平安京，迁都难波，但这遭到了很多人的反对，只能采取一个折中的方案，在平定江户城后，迁都江户，后来改名为东京。可以看出，当时迁都的阻力依然是非常大的。同样的道理，大化改新时的迁都难波和天智天皇的迁都大津应该也都遭遇到巨大的阻力。之后，天武天皇利用飞鸟的旧势力，同时在高市汉人的支持下最终在壬申之乱中胜出，并且在旧京飞鸟即位。天武天皇即位后，数次计划迁都——就连这样一位依靠旧势力的支持才成功登基的天皇都不安心于居住在飞鸟，这也足以看出当时飞鸟多不适宜作都城了。但当时阻碍迁都的势力实在太大，天武天皇最终也毫无办法，只能放弃将都城迁出飞鸟的念头，在飞鸟京内另选了一处合适的地方营建了藤原宫。总的来说，在当时的飞鸟京存在两股力量，一股是想把都城迁往外地的离心力，另一股是想把迁到外地的都城拉回飞鸟的向心力，两种力量激烈争夺，靠彼此的妥协取得暂时的平衡。不过，这样一种状态注定不会永远保持。在文武天皇在位期间，将都城迁出飞鸟地区的计划渐趋成熟，最终在元明天皇在位时完成了迁都平城的壮举。自此之后，都城就再也没有回到飞鸟地区。在整个迁都过程中，贤相藤原不比等采取的措施非常得当，为赞成迁都的新势力战胜飞鸟的旧势力发挥了重要作用。

关于飞鸟时代的宫殿建筑，我了解得也不多，不过在《皇极天皇纪》中已经出现了太极殿和宫城十二门的记载。皇极天皇修建的是用木板铺设屋顶的宫殿，齐明天皇修建的是瓦葺屋顶的宫殿。可以看出当时的宫殿建筑已经在模仿中国唐朝的样式。

不过，当时的历代天皇依然保留着迁宫的习惯，在内里是否真的存在雄伟壮丽的永久性建筑，至今还存在疑问。

（《日本建筑小史》伊东忠大，清华大学出版社，2017）

3.4 飞鸟京诸宫的位置

3.4.1 飞鸟诸宫概说

前文已述，飞鸟诸宫的名称各不相同，乍看上去可能会觉得每座宫殿隔得很远，其实它们离得非常近，几乎都是位于同一地区内。和飞鸟京之前更为古老的宫殿一样，要想在今天判明其具体位置，那是非常困难的。虽然《帝王编年纪》《玉林抄》《和州旧迹幽考》和《大和志》等德川时代编纂的地志中记录了各座宫殿的位置，但基本都不可信。在飞鸟诸宫中，就连证据最为丰富、遗迹较为明晰的净见原宫都难以非常准确地断定其位置，就更别说其他的宫殿了。尽管如此，我还是斗胆想对各座宫殿的位置进行一番考证，虽然还很不充分，但我已尽我所能。

3.4.2 丰浦宫

在飞鸟诸宫中，允恭和显宗两位天皇的宫殿建造年代过于久远，跟后来的飞鸟京没有什么直接关系，所以我们暂且不论。钦明天皇以后的五代天皇都住在橘京，唯有用明天皇的宫殿被认定大致位于坂田的北侧，其他的宫殿根本无迹可寻，我们也暂且不论。自飞鸟京固定以来，最早的宫殿应该是推古天皇的丰浦宫。现在高市村大字丰浦还依然保留着“丰浦”这一名称。大字丰浦位于甘梼冈的北麓、飞鸟川西侧，与飞鸟隔河相望。从“丰浦”

这一名称，我们大致可以推测出当年丰浦宫所在的位置。另外，《三代实录》的“元庆六年”（882）条目中记载了丰浦寺（也称建兴寺）的檀越[9]宗岳木村与寺僧义济之间产生的一场诉讼，其中谈到了建兴寺的太政官符[10]问题。

建兴寺原为推古天皇的旧宫，之前称丰浦寺。苏我稻目将自家住宅舍为佛殿后，钦明天皇将丰浦宫赐给苏我稻目。苏我稻目将寺院迁入丰浦宫，改名为丰浦寺。

据此可以看出，丰浦寺的前身应该就是推古天皇的丰浦宫。苏我稻目利用自己住宅建立的寺院初名樱井寺，位于丰浦附近。钦明天皇将丰浦宫赐给苏我稻目后，他就将樱井寺移到了丰浦宫，改名为丰浦寺。这样一来，如果丰浦寺的位置能够确认的话，丰浦宫的位置也就清晰了。今天的丰浦有一座广严寺，旧时称向原寺，据说向原寺的前身就是丰浦寺，所以说丰浦宫的旧址可能就位于当前的广严寺。不过还有一种说法，是广严寺南边的西念寺的前身是旧时的丰浦寺。今天在两座寺院的中间地带有一块很大的伽蓝石[11]，据说是舒明天皇六年（634）三月所建的丰浦寺内塔心柱的础石。可以看出，这一地区在古时候至少是丰浦寺的一部

9. 译者注：檀越，佛教用语，指施主，即施与僧众衣食，或出资举行法会等之信众。

10. 译者注：太政官符指得到太政官认可，拥有免交租税特权的庄园。此项制度开始于平安朝初期，一些势力强大的贵族和寺院为了免交租税而想方设法使自己的庄园取得此项特权。

11. 译者注：伽蓝石是指中间有个凹槽，用来磨粉的石臼。“伽蓝”就是寺院，伽蓝石通常来自寺院柱子下面的础石。

分。这样一来，我们基本能够断定推古天皇的丰浦宫应该也大致位于这一地区。

3.4.3 冈本宫与净见原宫

飞鸟京内诸宫中，最为有名且留下证据最多的要数舒明、齐明两天皇的冈本宫和天武、持统两天皇的净见原宫。两座宫殿挨得很近，净见原宫位于冈本宫的南侧。所以说，只要弄清其中一座宫殿的所在地，另外一座宫殿自然也就明晰了。有一种旧说，是冈本宫位于今天高市村的大字冈。还有一种说冈寺（龙盖寺）是当时冈本宫的所在地，进一步推断出位于龙盖寺南侧的大字上居即古时的净御原，也即净见原宫的所在地，现在地名中的“上居”其实是根据“净御”的音读演化出的汉字。不过后一种说法显然是错误的，把冈本宫与冈宫混为一谈了。至于“上居”与“净御”的关系，两者仅是发音类似而已，其实“上居”是与多武峰另一侧的“下居”相对应的一处地名。另外从地势上来看，根据《万叶集》和《日本书纪》中的记载，净见原肯定不是一个视野开阔的平原地区，而上居所在的地区则是平原，两者显然是不相符的。据记载，舒明天皇的飞鸟宫位于飞鸟冈的旁边，齐明天皇同样也在飞鸟冈附近选定了宫地，所以被称为后飞鸟冈本宫。据《日本书纪》载，飞鸟冈是火葬持统天皇和文武天皇的地方，至于其具体在哪里则无人说得清楚。有人认为今天飞鸟村大字雷的丘陵就是古时的飞鸟冈。在今天的大字雷的丘陵上还保存着小子部蜾蠃受雄略天皇之命捕雷[12]的古迹，因此这一丘陵也被称为雷冈。雷冈位于丰浦东北，与丰浦隔飞鸟川相望。据说，今天飞鸟地区的飞鸟神社最初就是位于雷冈，接到神谕之后于天长六年（829）迁到了今天这个地方。据《日本灵异记》载，小垦田宫也位于雷冈。《日本灵异记》是奈良时代成书的一本古籍，如果按其所载，小垦田宫与冈本宫真的位于同一地区的话，那雷冈即飞鸟冈的这一说法也就完全合理了。不过也有人不同意这一说法，认为如果飞鸟冈真的就是雷冈的话，那历代天皇不可能在飞鸟神镇座的冈上去进行火葬。我对后一种观点也曾有些认同，但不管怎么说，对古文献中“小垦田宫位于雷冈”的记载，我们必须给予重视。如果雷冈不是飞鸟冈的话，那位于其东北方向的大字奥山北侧的小山丘应该就是飞鸟冈。总之，冈本宫肯定位于这一地区附近，这是毋庸置疑的。

不过还有一种说法，是冈本宫位于今天的大字冈。很明显，这种说法是不正确的，但其由来却非常古老。《玉林抄》载：“冈本宫位于橘寺东之逝回冈，即今日之冈寺所在地。”《帝王编年记》

---

12. 译者注：据《日本灵异记》载，雄略天皇害怕空中雷鸣，命踝赢去捉回雷神。踝赢向雷神大呼道：“天皇召见，速进宫。”看到雷神滚落到丰浦寺和饭冈之间，立刻把雷神装入大筐中献给了天皇。天皇感到恐惧，就把雷神放回到落雷的地方，现在仍然把那个地方叫作雷冈。不久踝赢亡故了，天皇连续七天七夜对他的忠信赞叹不已，在雷神滚落地方修建了他的坟墓、树了墓碑。上刻“捉雷将踝赢之墓”。雷神讨厌这碑文就猛击这块墓碑，结果被夹在墓碑的缝间。天皇得知，让人放了雷神，并因此再次敕命树碑，上刻“无论生前死后都能捉雷的踝赢之墓”。

载："冈本宫位于高市郡岛东的岳本地。"将逝回冈视作飞鸟冈，这本身就是误认。在《万叶集》中已经出现了逝回冈这一地名，也被称为长冈，据说就是今天大字冈附近的丘陵。龙盖寺之所以被称作冈寺，就是因为逝回冈的缘故，所以说飞鸟冈和逝回冈不可能是同一处地方。大字冈上曾经有一座冈宫，过去也被称作岛宫，此宫与冈本宫不同，切忌混为一谈。

文武天皇是天武天皇的皇孙，文武天皇即位后追封自己的父亲草壁皇太子为冈宫御宇天皇。《万叶集》载，草壁皇太子居住在岛宫。岛即今天的岛庄，岛大臣苏我马子的宅邸也位于此。草壁皇太子原居住在岛宫，后来被追封为冈宫御宇天皇，可以看出冈宫即岛宫，这也是冈与岛是同一地点的证据，直到今天大字岛庄与大字冈都是紧挨着的。另外，在《释日本书纪》《帝王编年记》《神皇正统记》《皇胤绍运录》等古文献中，冈宫天皇还被称作长冈天皇。长冈即今天的大字冈，与飞鸟冈是完全不同的地方。据《续日本书纪》记载，天平神护元年（765），称德天皇从小垦田宫出发外出巡幸，经过大原和长冈，抵达飞鸟川，然后决定将宫殿迁到飞鸟川附近。小垦田宫即位于小垦田的冈本宫，可以看出冈本宫应该是位于飞鸟地区。大原即今天的小原，位于飞鸟的东南。冈寺的所在地长冈位于大原的南边。称德天皇从冈本宫出发，经过大原和长冈到到飞鸟川，可以看出长冈应该是位于大原与飞鸟川之间，这也足以证明长冈与飞鸟冈并不是同一地点。

另外还有一种方法，由于冈本宫和净见原宫是挨在一起的，如果我们把位于南侧的净见原宫的位置确定了，那位于北侧的冈本宫的位置自然也就清楚了。净见原宫的年代位于难波、大津等中国风都城之后，所以与之前的诸宫相比，其规划应该更为齐整。据《日本书纪》载，当时的净见原宫内有大极殿、大安殿、内安殿、向小殿、御窟殿、内里、朝堂等殿堂，还有太政官、法官、理官、兵政官、刑官、民官、民部、大藏、宫内、左右兵卫、膳藏等衙所，所谓的八省百官都位于宫城之内，这也足以看出当时的宫城肯定不是一块狭小之地。

上文中介绍的一度被误认为是净见原宫所在地的上居，位于山腹狭隘之地，这样的地方自然容不下八省百官这样庞大的机构，所以我才断定上居不可能是当时净见原宫的所在地。同样据《日本书纪》记载，天皇驾崩后在南庭设殡宫，京城男女老少纷纷来到桥西恸哭哀悼。据此可以看出，当时的净见原宫应该是位于飞鸟川的西侧，飞鸟京的范围已经扩展到了河西地区。当时的飞鸟京颇为繁盛，人口众多。藤原宫选址飞鸟京的西北隅时，宫地范围内的百姓住宅已经达到1505处，这还仅是藤原宫一处地方，整个飞鸟京的人口数量那就更可想而知了。在天皇驾崩以后，如此多的男女老少全都汇集到桥西朝着宫城南庭的殡宫恸哭哀悼，可想而知当时聚集的地点肯定小不了，只要我们能够找到这处地点，那净见原宫所在的位置基本就可以确定了。

然而，横跨飞鸟川的这座桥究竟位于何处呢？在今天飞鸟小学校附近有一座从丰浦通往飞鸟的桥，早些年在附近挖掘出了像桥墩一样的巨大石块。而且现在这座桥的东西两侧都非常开阔，东侧可以建一座巨大的宫城，西侧可以容纳很多人聚集。在桥的东侧有一处叫小字石神的地方，早些年曾发掘出数个奇怪形状的石制的大物件，现存于东京帝堂博物馆——至于这些石制的大物件究竟为何物至今众说纷纭，不过毫无疑问的是，这肯定是飞鸟京时代的遗物。另外，在小字石神的附近还有一处叫“小字御门”的地方，这可能就是古时飞鸟京的某个宫门的所在地，所以才流传下这一名字。此外，在这一地区的田地之间会保留着一些狭小的草地，当地人对这些草地都非常敬畏，绝不会去侵犯。综上所述，这一地区应该就是古时净见原宫的所在地。

另外，《万叶集》中收录了柿本人麻吕悼念高市皇子的一首和歌，其中谈到了天武天皇的一些事情，部分和歌如下：

幽思多忌讳，惶然不敢言。

敬畏天都定神阙，明日香域真神原。

大王称天武，驾崩隐云岩。

通常的解释是真神原指的是天武天皇的陵墓。但是，如果真神原真的是陵墓的话，那与实际情况却是不符的。据《日本书纪》载，崇峻天皇元年（587），法兴寺建造于飞鸟真神原，即今天的大字飞鸟这一地区。法兴寺即今天的安居院，也即俗称的飞鸟大佛的所在地。然而，天武天皇的陵墓位于桧隈，被称为桧隈大内殿，处于飞鸟的西南方，而且与飞鸟之间隔着一座山。所以说，真神原不可能是天武天皇陵墓的所在地。上文中的和歌中提到“敬畏天都定神阙，明日香域真神原”，据此可以看出净见原宫应该就位于真神原。再加上当地的小字石神和小字御门等地点与所谓的在真神原上营造的法兴寺挨得又比较近，所以净见原宫位于此地是毋庸置疑的。既然净见原宫的所在地已经确认了，那冈本宫应该就位于其北方，不过要想确定具体的地点依然是十分困难的。据此可以看出，认为冈本寺就位于今天冈寺地区的旧说是错误的。

3.4.4 飞鸟板盖宫

接下来谈一下飞鸟板盖宫。在《扶桑略记》中，飞鸟板盖宫也被称作川原板盖宫。皇极天皇元年（642），大臣苏我虾夷受命建造飞鸟板盖宫。齐明天皇第二次登基时，在飞鸟板盖宫举行的重祚[13]之礼。据《扶桑略记》载，飞鸟板盖宫和高市郡冈本宫位于同一个地方，后来的学者也都沿用这一说法，认为其位于今天的冈寺附近。另外，据《大和志》载，飞鸟板盖宫位于飞鸟与冈地之间。《扶桑略记》的记载其实有误，其中的冈本宫应该是冈宫之误。前文已述，虽然冈本宫和冈宫完全不同，但是古时候很多人都会将两者混为一谈。例如，《续日本纪》中明确记载草壁

13. 译者注：重祚是指第二次登基继任皇位。

皇太子被追封为冈宫御宇天皇，但是坊间还是有人称其为冈本天皇。关于板盖宫所在的位置，《日本书纪》的皇极天皇条下有“宫殿紧挨岛大臣家”这样的表述。岛大臣即苏我马子，他的宅邸位于飞鸟川的旁边，庭中掘出小池，其中设小岛，所以被称为岛大臣。苏我马子的宅邸就位于今天大字冈南侧的岛庄，如果《日本书纪》中的记载无误的话，那飞鸟板盖宫应该位于今天的岛庄附近，也即冈宫的附近。这样看来，《扶桑略记》中板盖宫与冈本宫其实是冈宫位于同一地点的记载基本还是可信的。然而，《大和志》中板盖宫位于岛庄和冈地之间的记载就有些问题了。总之，板盖宫与岛宫、冈宫应该是位于同一地点，即今天大字冈或者是岛庄的附近。在齐明天皇在位期间，板盖宫被焚毁。天智天皇在位时，又在这一地区修建了岛宫，至于是否利用板盖宫的旧宫所翻建，现在还不清楚。天武天皇也曾在此居住，后来成为草壁皇太子的宫殿。

3.4.5 飞鸟川原宫

飞鸟川原宫是齐明天皇的宫殿，后来成为齐明天皇的代名词。另外，由于飞鸟板盖宫有时也被称作川原板盖宫，再加上板盖宫也是位于飞鸟川的川原上，所以两者之间的区别并不是那么明显，很容易就会混为一谈。有一种说法，是今天的川原寺（弘福寺）就是过去的飞鸟川原宫。不过，川原寺在敏达天皇在位期间就已经有了，弥勒佛像自百济国传入后就是供奉在川原寺的东塔内，所以说川原寺与川原宫应该是完全不同的两处建筑。不过也有一种可能，就像丰浦宫与丰浦寺的关系一样，弘福寺可能早已存在，后来川原宫被赐予后就更名为川原寺了。据《扶桑略记》载，天武天皇在位时建弘福寺，这应该不是新建，可能为重建或是增建。据《大和志》载，川原宫位于飞鸟和冈地之间。现在已经无从判明，这真是一件遗憾的事情。

3.4.6 小垦田宫

推古天皇后来移住的小垦田宫的具体位置至今不明。据《延喜式》载，治田神社即旧时小垦田宫的所在地。关于治田神社的具体位置，一种说法是今天冈寺附近的八幡社；另一种说法是今天川原寺附近的八幡社。具体哪种说法为真，现在还难以做出判断。古时候，小垦田和飞鸟几乎是作为同义词在使用。在古代文献中还有小垦田兵库、苏我稻目的小垦田宅等记载，可以看出小垦田应该是一处地名，至于具体在那里，现在已难以判明。不过，我觉得小垦田宫可能会和飞鸟宫（飞鸟冈本宫）位于同一地点。在奈良朝，冈本宫也被称为小垦田宫即其一大旁证。

3.5 飞鸟京诸宫一览

推古天皇	丰浦宫	飞鸟村大字丰浦，后来丰浦寺的所在地
	小垦田宫	不详，可能与冈本宫同地
	耳成行宫	推古天皇九年五月行幸。位于耳成山上或耳成山东大字山坊小字东西京殿
舒明天皇	飞鸟冈本宫	飞鸟村大字雷
	田中宫	白橿村大字田中
	厩坂宫	白橿村大字轻、见濑的附近
	百济宫	北葛城郡（旧广濑郡）百济村大字百济
皇极天皇	飞鸟板盖宫	高市村大字冈、岛庄附近
孝德天皇	长柄丰崎宫	摄津西城郡丰崎村大字南北长柄、本庄地区
齐明天皇	飞鸟川原宫	不详，可能位于高市村大字川原的川原寺
	后飞鸟冈本宫	冈本宫同所
天智天皇	志贺大津宫	近江滋贺郡滋贺村大字滋贺里

<table>
<tr><td rowspan="2">天武天皇
持统天皇
文武天皇</td><td>飞鸟净见原宫</td><td>冈本宫南侧，飞鸟村大字雷和飞鸟中间</td></tr>
<tr><td>藤原宫</td><td>可能位于八木町的白橿村或鸭公村，宫城位于八木町的东部</td></tr>
<tr><td colspan="3">附：</td></tr>
<tr><td>草壁皇太子</td><td>岛宫（冈宫）</td><td>板盖宫同地</td></tr>
<tr><td>高市皇子</td><td>香久山宫</td><td>香久山西北麓埴安池址附近</td></tr>
<tr><td>忍壁皇子</td><td>雷丘宫</td><td>雷冈的旁边</td></tr>
</table>

最后以三首和歌结束本章。

《草壁皇子尊宫舍人恸伤作歌》

东泷有御门，侍候连宵旦。

昨日与今朝，不闻来召唤。

橘地岛宫中，不能感满足。

佐田冈畔来，同侍同居住。

《高市皇子尊城上殡宫之时柿本人麻吕作歌》

殖安池中水，百草蔽流踪。

欲行不知处，舍人惑重重。

《忍壁皇子献歌》

柿本人麻吕

君如似神人，辛勤筑楼宇

云隐雷山处，宫阙悄然起。

4

难波京

4.1 难波京概说

大和平原四周青山环绕，难波是唯一的出海口。在政令还未能到达远境、统治范围还仅限于近畿地区的时代，难波的地位还不是那么重要。但是在皇威扩展到四国和九州之后，难波作为海上交通要塞，地位就逐渐变得重要起来。

景行天皇在位期间，日本武尊[1]征服熊袭，返回途中经过难波，杀死柏济恶神，打通了海上与陆上的交通。在征服三韩以后，从朝鲜半岛过来的朝贡船只络绎不绝，当时船只靠岸的主要港口就是武库港与难波港。难波港的兴盛程度可想而知，所以大隅宫很早之前就建在了难波也绝非偶然。大隅宫的具体建造年代不详，不过有史料记载，应神天皇二十二年（291），应神天皇曾行幸大隅宫，登上高台远望，可以看出在这之前大隅宫应该就已经存在了。

仁德天皇登基后将都城从大和平原迁到难波高津宫。不过在仁德天皇驾崩之后，都城又被迁回大和平原。自此以后很长一段时间，难波都没有被再次当作都城。不过，在都城被迁走后，难波依然保留着专门接待海外来宾的亭馆，而且钦明天皇在位期间还曾行幸过难波祝津宫。难波祝津宫的位置至今不详。总之，难

1. 译者注：日本武尊，《古事记》作倭建命，《风土记》作倭武天皇，本名小碓尊，另有日本武、大和武等称号，日本神话人物。传说其力大无穷，善用智谋，于景行天皇期间东征西讨，为大和王权开疆扩土。

波作为海上要津，在当时是非常受重视的。那时难波不仅有皇家的别宫，很多大臣豪族在此也建有宅邸。物部守屋[2]在内战中兵败身亡后，资人[3]捕鸟部万感念主人的恩德，依然为其坚守着难波的老宅。以此类推，我们可以看出，在当时的难波应该还有很多其他名门豪族的宅邸。大化改新时，孝德天皇迁都长柄丰崎宫，难波再次成为都城。虽然齐明天皇即位后又将都城迁回了大和平原，但是旧京的架构仍在，直到奈良时代延历十二年（793）摄津职[4]废除之后，难波的宫殿才停止使用。

2. 译者注：物部守屋是物部尾舆与弓削阿佐姬之子。佛教传入日本时，废佛派的物部守屋持强硬的排斥态度，与崇佛派的苏我马子发生激烈冲突。敏达天皇去世后，物部守屋与当时苏我马子所控制的朝廷发生内战，兵败身死。

3. 译者注：资人是大臣、大纳言及中纳言用于护卫、驱使的随从。

4. 译者注：摄津职为执掌摄津国政务的官职，摄津职是因外交需要而特别设立的。摄津国的难波作为重要港口受到朝廷重视。

4.2　难波地理的变迁

古时的难波是海上要津，其位置大致在今天的大阪市，不过古今的地理状况有着很大不同。要想弄清楚应神天皇的大隅宫、仁德天皇的高津宫、大化改新时的长柄宫及奈良时代难波宫殿的位置及其沿革，我们必须考虑到难波古今的地理变迁才行。

今天的大阪毫无疑问就是古时难波的所在地，不过其水陆分布已经发生了很大变化。今天大阪市东部从南向北的丘陵，即上町地区，古时候被称作难波崎。古时的难波崎紧挨大海，现在的大阪平原在当时还是一片汪洋。从今天淀川的入海口往上四里地有一个叫中岛村的村庄，属于西城郡，村中有江口这一地名，所以说古时候这个村子所在的位置应该就是淀川的入海口。根据《朝野群载》中收录的艺伎的文章，在平安朝，难波是与西部的神崎相对应的一处重要的港口，非常繁盛。在德川时代，大和川被人工改道，经由泉州堺的北侧注入大海。其实在此之前，河内川、大和川和淀川都是注入大阪湾，三大河流从上流携带来的泥沙要远远大于今天的泥沙量。在神武天皇东征的传说中，当时的船只可以进入难波附近海面很靠里的地方，即今日的河内日下地区，具体来说是指中河内郡生驹山的西麓。在元禄和宝永年间大和川未改道之前，在日下地区有一个很大的名叫“深野”的池塘，据说这是古时难波海面的一部分。《百人一首》中收录了参议篁[5]的一首和歌："海面八十岛成群，一叶轻帆离海滨。寄语渔舟垂钓者，其传消息与家人。"此和歌中的"八十岛"指的应该是大和川、河内川和淀川携带来的泥沙在难波附近的海面上堆积形成的众多小岛，"八十"并不是实指，而是形容数量之多。后来，海面上的众多小岛在越来越多的泥沙的堆积下逐渐连成一体，形成了所谓的大阪平原。古时的和歌中，若提到难波，肯定会出现芦苇、航线木桩等元素。例如《百人一首》中就有"难波湾里芦苇丛、短如苇节也难逢。此生与君晤不得，年华虚度我伤情""难波芦短良宵短，妾自情长君亦长"等诗句。其实不仅是《百人一首》，其他和歌中如果提到难波也大都如此。据此可以看出，在当时泥沙堆积成的沙洲上肯定是芦苇丛生。另外，难波湾内的众多小岛在河流携带来的泥沙的堆积下渐趋变大，航路也渐渐变得模糊起来，为了安全起见，人们在还能行船的航线上钉入木桩，引导船只通行，因此航线木桩也成为关于难波的古和歌中的一个重要元素。通过这些和歌，我们可以很清楚地看到大阪平原形成的过程。

在难波湾中的众多岛屿中，大隅岛和姬岛很早就已经有了自己的名字。安闲天皇二年（533），天皇曾下诏要求在大隅岛和姬

5. 译者注：参议篁真名小野篁，因曾任参议，因此世称参议篁。参议是律令制中枢机构的高官，类似于唐朝的中书、门下侍郎，执掌机要，参与朝政，名列相位，故小野篁又常被称为"野宰相""野相公"。小野篁是首任遣隋使小野妹子之后、学者小野岑守之子、书法家小野道风之侄。

岛的松原放牛。据此可以看出，当时这两座岛屿应该是被当作牧场使用的。直到元明天皇灵龟二年（716），天皇才下令禁止在大隅岛和姬岛放牧，改为种田。在奈良朝初期，这些岛屿已经连成一块完整的平原，如果再用来当作牧场那就有些浪费了，所以被改用作耕地，这样可以获得更多的利益。

另外，在一些古代文献中也经常可以看到“姬岛”这一名字，其中最早的记载应该是在天日枪渡来的传说中。据传说，天日枪是新罗的王子，其妻子为难波的比卖语曾神，比卖语曾神因为思念故土逃回日本，天日枪也跟着一起追到日本。比卖语曾神来到日本后居住在姬岛的松原，天日枪在上岛的过程中遭到难波渡神的阻拦，最终也没有追上自己的妻子。关于姬岛的具体位置也是众说纷纭。《延喜式》载东生郡有比卖语曾神社，所以认为神社所在地应该就是当时的姬岛。还有一种说法，是姬岛即后来的稗岛，不过稗岛位于更靠西的位置，从地理上来说显然就是错误的。根据各种史料记载，姬岛肯定位于难波渡的内侧。另外，从日本武尊杀死柏济神打通水路的传说来看，难波渡应该是位于难波崎对岸扼守难波湾的一处重要地点。今天西城郡江口的附近有大道和小松等村庄，据传说大道就是古时大隅岛的所在地，而小松则是姬岛的所在地，小松这一地名也是从旧时的松原得来，而且附近还有乳牛牧庄这一地名，这和过去大隅岛和姬岛曾被当作牧场有着很深的关系。另外，在其北侧还有一处叫味原的地方，据《朝野群载·游女记》载："自山城国淀津出发，沿巨川西行，一日抵达河阳。往返山阳、西海和南海三道者大都走此水路。河阳居江河之南北，楼堂馆舍鳞次栉比，自此继续向河内国方向前进可到达江口。江口有典药寮、味原厨和扫部寮的大庭院。"河阳即今天的山崎，自此再往西可抵达江口附近的味原厨。味原是难波的一处非常重要的场所，后人认为其位于大阪的城南，而且比卖语曾神社的所在地就在旧时味原，这其实是被伪作难波古图误导的结果，在后文中我还会对这一伪作再作介绍。应神天皇的大隅宫毫无疑问是位于大隅岛，据传说应神天皇曾在此宫登上高台远望驶去的兄媛的船。据此可以看出，大隅岛应该是难波湾中视野非常开阔的一处岛屿，虽然现在还没有明确的证据证明今天的大岛就是旧时的大隅岛，但是从其地势来看基本没什么大的问题。

接下来谈一下仁德天皇的高津宫。高津宫位于大隅岛的稍南一侧，难波崎的北端，大致位于今天的大阪城附近。仁德天皇十一年(323)，天皇曾在皇宫北侧挖了一条运河，引南水注入西海。这条运河就是难波的堀江，即今天横穿大阪市中心的天满川。难波湾中除了拥有大隅岛和姬岛等众多岛屿外，靠近难波崎一侧的海面也在泥沙的堆积作用下逐渐形成陆地，对南水即河内川的入海产生了较大影响。再加上每到雨季，海水经常内灌，水患严重，所以仁德天皇决定在皇宫的北侧开凿一条运河，借以解除难波的水患。这样一来，只要我们确定了堀江的位置，然后在其南侧寻找皇宫就可以了。然而，关于堀江的具体位置，世间却是众说纷纭。在坊间流传着一份《难波古图》，其中将大阪城南侧的空濠，即今天空堀町的低地当作了堀江的所在地。但是，这一标注很显然是错误的。此空濠是丰臣秀吉所建，和仁德天皇没有任何关系。当年丰臣秀吉修建大阪城时，考虑到东、北、西三面都有天然的水系来作屏障，唯独南侧是连绵不断的丘陵，防御薄弱，于是就挖了这样一条空濠来加强大阪城的防卫。

之所以有人将这条空濠视作堀江，都是因为那份《难波古图》作祟。尽管荒木田久老等很多学者对《难波古图》深信不疑，但我们有确凿的证据可以证明这份古图是伪作。在这份古图中，除了我上文中介绍的那条堀江外，在其南侧还存在另外一条堀江。位于南侧的堀江是摄津职大夫和气清麻吕于延历七年（788）所开凿。据《续日本纪》记载，和气清麻吕在荒陵即今天天王寺的南侧，动用二十三万名劳工开凿了一条运河，引河内川的河水注入西海，解决了大片耕地的灌溉问题。今天在茶臼山的东侧有一条东西贯通的低地，而且在旁边还保留着一定面积的水田，如果仅根据《续日本纪》的记载，那很容易就会认为这处低地就是当年堀江的一段。伪作《难波古图》可能也是出于同样的原因，所以断定这就是当年的堀江。不过，如果看了《日本后纪》的话，立刻就会发现这一说法其实是错误的。和气清麻吕确实曾计划开凿运河，但由于工程难度大，再加上耗资巨大，最终并没有付诸实施，用《日本后纪》中的原话就是“功遂未成”。

我们再换个角度，如果今天大阪城南侧的空濠真的是仁德天皇开凿的堀江的话，和气清麻吕又何苦在南侧距离仅有两千多米的地方再费力修一条工程难度如此巨大的运河呢？既然有之前的运河存在，只需要将其疏浚拓宽一下就可以达到目的，完全没必要再重新开凿一条运河。所以说，《难波古图》的作者肯定只读了《续日本纪》，并没有看过《日本后纪》，据此我们也就基本可以断定《难波古图》的创作年代了。

宽政年间，塙保己一[6]的门人稻山行教在京都获得一本《日本后纪》。这本书自此才被世人所知，在此之前，根本无人知道和气清麻吕的工程最终并没有成功。在《摄津志》关于鼬川的记载中有以下内容：“本名河内川，从天王寺荒陵南侧发源，流经木津与难波之间，汇入木津川。延历七年（788）三月，由摄津大夫和气朝臣清麻吕所开凿。今住吉郡平原西侧的河内川及荒陵南侧的堀越村皆为当时之古踪。”据此可以看出，《难波古图》的作者应该是在看到了《摄津志》的此条记载，然后又看了实地的地形之后，才在图中画了这么一条堀江。另外，在《摄津名所图绘》中，

6. 译者注：塙保己一，日本江户后期的盲人国学者，文献学者，生于武藏（今琦玉县）农家，原姓荻野。他5岁失明，13岁往江户求学，曾入贺茂真渊门下潜心于国学。以惊人的记忆力学习日本史和古代制度，1793年（宽政五年）在幕府支持下建立日学讲谈所，门下才子辈出。著有《群书类从》《武家名目抄》《萤蝇抄》等。

大阪城空濠的南侧有一座比卖许曾神社，在其附近还有一个名为味原池的小池塘。其实，比卖许曾神社一直以来都被认为是一处极为普通的小祠堂。直到天明八年（1788），有人偶然间在小祠堂内发现了旧记和神器等，于是才弄清楚原来这处小祠堂就是《延喜式》中记载的大名鼎鼎的比卖许曾神社。宽政元年（1789），寂闻圣观编纂了比卖许曾神社的缘起，自此才被世人所知，远近信者前来参拜，逐渐成为当时摄津国的一处名胜，并被《摄津名所图绘》所收录。但是，比卖许曾神社是姬岛的镇座神社，不可能位于古图中所标准的位置。此外，在古代文献中仅有味原厨这一词语，并没有关于味原池的任何记载，而且古图中所谓的味原池仅是当地的一个池塘，和皇宫扯不上任何关系。以上这些我们可以暂且搁置不论，在当时寂闻圣观又声称得到了一块灵踪甃碑，并以此证明仁德天皇的宫址就位于古图中标注的比卖许曾神社附近。所谓的灵踪甃碑的碑文如下所示：

等由良宫治天下，推古天皇二年（594），甲寅岁次，夏四月，承国政君圣德太子之命，补高津之宫皇居荒废地于石花女关西丘，白鸭御池上大小桥山地，以石墙叠之者，即永保天下圣址安固，万世灵踪故也。

很明显，这碑文一看就是伪作，但是寂闻圣观却以此碑文及新发现的神器和旧记等为证据，证明仁德天皇的宫址、比卖许曾神社和其他的一些古迹等都是位于大阪空濠的南侧。伪作难波古图可能也是创作于这一时期，作者在看了寂闻圣观的论证，同时又看到《摄津名所图绘》将比卖许曾神社收录其中，于是也就同样把仁德天皇的宫址标在了大阪空濠南侧这一地区。另外，关于大阪城南的空濠就是堀江，南侧有仁德天皇的宫址的说法可能和寂闻圣观也有很深的关系。总之，如果将伪作地图、伪物、甃碑等全部舍弃不用的话，那就根本没有任何证据能够证明仁德天皇的宫址位于大阪空濠南侧这一地区。

古时的堀江其实就是今天的天满川。堀江本为一条人工运河，设计的初衷是将南水即河内川的河水引入西海，后来淀川和大和川的河水也汇集到堀江，于是也就形成了所谓的堀江川。《帝王编年记》载“今山崎川通海，是为堀江”。山崎川即淀川。仁德天皇的皇后磐之媛自纪伊返回山城的筒城宫时，就是乘舟经堀江川进入到山城川。平安朝，纪贯之[7]在土佐守任上任职期满返回京都时也是经堀江川逆流而上。

在河流携带来的泥沙的堆积租用下，难波湾内的众多岛屿逐渐连为一体，并最终形成了大阪平原。同时，淀川的下流也分为两条支流，靠南的一条注入堀江川即天满川，靠北的一条注入长柄川即中津川，堀江川和长柄川也因此成为淀川的两条支流。另外，在长柄川的北侧还有一条神崎川，即古时所谓的三国川，神

7. 译者注：纪贯之，平安前期的歌人，三十六歌仙之一。

崎川与淀川本没有任何关系，但是在延历三年（784），即桓武天皇迁往长冈后的翌年，天皇下令改造淀川，在摄津国的神下、梓江、鯵生野开凿运河，将三国川连入淀川，三国川也因此成为淀川的第三条支流。神下和梓江的具体位置，现在已经无从知道，但是据《朝野群载·游女记》载，鯵生野和味原厨基本位于同一地点。连接淀川与三国川的此条运河有两大功能，一是船只可以从长冈京的要津淀地和山崎经淀川、运河和三国川直达江口和神崎；二是可以解除淀川下游的洪水泛滥之苦。堀江川、长柄川和三国川是淀川的三大支流，长柄川居中，河上有一座非常知名的长柄桥，三国川上好像也曾有一座桥，但具体位置已经难以说清楚了。《文德实录》载："长柄、三国两河，桥梁年久失修，人马不通。堀江川内有船只两艘，载人渡河。"此文将三条河流放在一起来表述，可以看出当前大阪平原上淀川下流的河流分布情况在当时就已经基本成型了。

综观大阪平原的形成过程，在仁德天皇期间，难波崎即现在大阪市东部上町丘陵所紧邻的海边，已是一片滩涂，后来随着众多岛屿逐渐连为一体，形成了东生和西成两郡。从难波崎（今天大阪的上町丘陵）向北划一条直线，直线以东生成的土地即东生郡，直线以西生成的土地即西成郡。东生郡占了当时难波湾内的大多数岛屿，面积比较大，所以又被称作"难波大郡"。西成郡的面积相对比较小，所有被称作"难波小郡"。后来，西成郡又向东扩展了一些，将东生郡的部分地区收到了自己的郡域范围内。古时的大隅岛和姬岛等所对应的今天的大道、小松和江口等地虽然位于难波崎向北所画直线以东，按理说本应属于东生郡，但由于西成郡的扩展，现在就变成属于西成郡了。位于姬岛的比卖许曾神社，《延喜式》中称其位于东生郡，这其实还是沿用西成郡未向东扩展时的说法。同样的道理，位于比卖许曾神社北侧的味原，《和名抄》中也是将其列入东生郡。延历四年（785），天皇命人在鯵生野开凿运河，将部分淀川河水引入三国川。鯵生野位于运河以北，后世将其划入三岛郡。今天三岛郡三岛村有一处叫味舌的地方，《摄津志》称其为古时东生郡的味原乡，此种说法是否准确我们暂且不论，但至少说明古时味原的地域已经到了运河以北鯵生野附近地区。然而在《难波古图》中，不仅将大阪城南的空濠标注为难波堀江，还将味原与比卖许曾神社标在了堀江以南的地区，这显然是错误的，希望研究者能够对此予以充分注意。

总之，大阪平原的变迁大致如上所述。通过对古时大隅宫和高津宫所在位置的研究，我们对应神和仁德两天皇选择在此营建宫殿的理由也就有了充分了解。关于大隅岛的具体位置，虽然多少还存有一些疑问，但是关于仁德天皇的高津宫的具体位置，根据在宫北的郊野开凿了一条堀江川来逆推，基本可以断定其位于现在的大阪城附近。至于伪作《难波古图》及灵踪甃碑等认为高津宫位于大阪城空濠南侧的说法，是没有任何根据的。

4.3 长柄丰崎宫

高津宫只住过仁德天皇一位天皇。仁德天皇去世后，都城再次被迁回大和，不过难波的重要地位并没有发生变化。大化改新时，鉴于大和地区交通不便且积弊太多，再加上难波作为海上要津的重要地位，孝德天皇又将都城迁往难波。孝德天皇住在难波的长柄丰崎宫，今天丰崎村大字南北长柄依然沿用着“长柄”这一地名。当时孝德天皇仿照中国的长安城，在长柄营建了一座完全新式的都城。《日本书纪》中的“大化二年”(646)条目载：“始修京城。凡京，每坊置长一人，四坊置令一人，掌按检户口、督察奸非之事。坊令取坊内明廉强直、堪时务者充。里坊长取里坊百姓清正强干者充。若里坊无人，听于比里坊简用。”

此记载颇为简单明了，我们再来看后来的《大宝令》中的法律条文：“凡京，每坊置长一人，四坊置令一人，掌检校户口、督察奸非、催驱赋徭之事。坊令取正八位以下明廉强直、堪时务者充。里长坊长取白丁清正强干者充。若当里当坊无人，听于比里比坊简用。”

可以看出，两者极为相近，这也足以证明《大宝令》中的此款条文正是沿袭自大化改新时在难波京内所实行的里坊制度。当时的难波京已经采用了“四坊为一条”的制度，后来的藤原京、平城京和平安京等也都沿用了这一制度。总之，难波京是日本都城史上的开先河之作。

关于长柄丰崎宫的具体位置，那是众说纷纭。通常的说法是，丰崎宫位于今天丰崎村长柄本庄地区。但也有人反对这一说法，认为丰崎村地势低洼，易潮湿，不适合用来建造都城，主张丰崎宫和高津宫应该都是建在大阪市东部的上町丘陵上。不过，应神天皇在位期间已经在大隅岛上营建了大隅宫，后来难波湾内的众多岛屿连为一体，形成了一片广阔的平原，在这样宽广的平地上来营造中国式的新都城也是完全合情合理的。根据大化改新时的一些文献记载，新都城内的道路宽广，东西南北纵横交错，整座都城采用条坊式设计，市容整齐。而上町丘陵上的土地面积狭小，不可能容纳下如此规模的一座都城，所以说主张都城位于上町丘陵的说法是错误的。

据《伊吕波字类抄》载："丰前宫坐摄津难波长柄，今造离宫是也。"《伊吕波字类抄》是奈良朝的文献，而奈良时代的难波离宫指的就是丰崎宫。很明显，如果《伊吕波字类抄》的记载为真的话，那丰崎宫就是位于难波的长柄。长柄川是一个很古老的名字，而且今天的长柄也是从古时沿用下来的，所以说关于长柄的具体位置应该是毋庸置疑的。此外，在《万叶集》中也收录了很多跟难波京有关的和歌，通过对这些和歌进行仔细研究，我们也大致能够了解到长柄丰崎宫所在的位置。

长柄丰崎宫的规模颇为宏大，自大化二年（646）开始施工，直至白雉三年（652）才完工，前后历时七年之久。长柄丰崎宫比之前的任何一座宫殿都更为壮丽。据《日本书纪》载："白雉三年（652）九月造宫既讫，其宫殿之壮丽无与伦比。"但是，在飞鸟地区长久以来形成的寺院、世家及汉人等旧势力的阻挠下，即便是如此恢宏的一座都城，也是不可能存续很久的。大化改新的实际推动者中大兄皇太子在难波的宫殿最终被焚毁，时人大为惊讶。在没有议会，没有报纸，没有舆论监督的古代，反对者表达自己心中不满的最好方式就是偷偷地放火。纵观日本历史，当政府遭到各种势力强烈反对的时候往往就是失火事件频繁发生之时，像天智天皇的大津宫、天武天皇的难波宫及圣武天皇的信乐宫等都是被焚毁的。总之，大化改新时的难波京是在旧势力的激烈反对声中兴建的，反对者在最初可能迫于压力不得不保持沉默，但随着时间的推移，被压制的反抗情绪必然会逐渐高涨。中大兄皇太子敏锐地看透了当时的形势，也意识到难波京必然不会持续太久，于是在白雉四年（653），即长柄丰崎宫竣工后的翌年，向孝德天皇上奏请求将都城迁回飞鸟旧都，但是孝德天皇并没有准奏。于是，中大兄皇太子自行率领太上皇、皇后、皇弟、公卿大夫百官等舍弃难波，返回飞鸟旧都。长柄丰崎宫也因此成为一座仅剩天皇的空虚皇宫。在当时，孝德天皇并没有掌握实权，中大兄皇太子大权在握，所以才能做出如此之举。中大兄皇太子率领众人离开难波后，孝德天皇颇为愤懑，产生退位的想法，并在山崎建了一座新宫，搬到那里去居住。虽然山崎离飞鸟很远，但孝德天皇还是向皇后寄去和歌，诉说自己心中的悲愤。之后没过多久，孝德天皇就因病驾崩了，长柄丰崎宫也基本成为一座废宫。

4.4 飞鸟复都后的难波京

前文已述，齐明天皇是在飞鸟即位。但即位以后，难波京并没有被完全废除，都城与宫城依然得以保存。天武天皇八年（680），天皇命人在难波京外建防御用的外郭城墙。天武天皇十二年（684），难波京被定为都城，京内宅地被授予群臣。根据历史记载，即便是到了奈良朝，难波京作为旧都依然存在，而且屡有天皇前去行幸。另外，从一些文献资料中可以看出，直到奈良朝时，难波京内的宫殿及其他建筑物都还是保存完好的。朱鸟元年（686），大藏省失火，波及天武天皇的难波宫，宫室在大火中悉数尽毁，仅有兵库职免于祝融之祸，但不久之后，难波宫就得以重建。文武天皇三年（699）正月，天皇行幸难波宫，在此停留二十五日之久。庆云三年（706）九月，文武天皇再次行幸难波宫。《万叶集》中收录了不少此次行幸的陪同人员所作的和歌。养老元年（717）二月和神龟二年（725）十月，元正天皇和圣武天皇也分别行幸过难波宫。尤其是圣武天皇，曾任命式部卿[8]藤原宇合[9]为知造难波宫事，在难波大兴土木，营建新的宫殿。《万叶

8. 译者注：式部卿为式部省的长官，一般由亲王担任，负责调查文官的事务成绩，上报太政官，以及指导礼仪等工作。

9. 译者注：藤原宇合是奈良时代的政治家，藤原不比等的第三子，初名马养，作为遣唐使的副使朝拜大唐后改为宇合。藤原宇合最终的官位是正三位勋二等参议式部卿兼大宰帅。

集》中收录了藤原宇合的一首和歌，其中写道："昔日难波乡野处，今日宫殿拔地起。"可以看出，在圣武天皇执政时，难波旧都已经变为一片乡野景象，在藤原宇合的主持下，新的宫殿拔地而起，难波又恢复了往日的都城繁华。奈良时代的难波宫其实就是对孝德天皇的长柄丰崎宫的重建。对于此事，不仅《伊吕波字类抄》引用的古代文献中有所记载，在笠金村[10]咏诵神龟二年（725）十月圣武天皇行幸难波宫的和歌中也明确将当时的宫殿称为长柄宫。虽然难波宫经历了烧毁与重建，但是自大化改新以来难波宫一直存在的事实却是毋庸置疑的。

自藤原宇合后，营造难波宫的工程不断。天平四年（732），圣武天皇又任命石川枚夫为造难波宫长官。当时的难波宫内设太政官、宫内殿和其他宫殿，可能还设有八省百官的办公场所，宛若一个中央政府的所在地。天平六年（734）九月，圣武天皇下令将难波京内的宅地分给群臣，三位以上的官员分得一町[11]以内，四位和五位的官员分得半町以内，六位以下的官员分得四分之一町以内。当时有位的大臣具体有多少人，我们已无从得知，但是根据天平十六年（744）春正月圣武天皇召集群臣讨论究竟该定都何处时的记录，当时同意迁都恭仁京的大臣中五位以上是二十三

10. 译者注：笠金村，奈良前期歌人，终生官职很低，是继柿本人麻吕之后的著名宫廷歌人，《万叶集》中收录了其长歌十一首、短歌约三十首。

11. 译者注：町为日本的面积单位，一町大约为9917平方米。

人，六位以下是一百五十七人；同意迁都难波京的大臣中五位以上是二十三人，六位以下是一百三十人。假设当时参加讨论的人员囊括了所有的有位大臣的话，那五位以上的大臣应该有四十六人，六位以下的大臣应该有二百八十七人。当然了，有位大臣的真实人数肯定要比这还要多。另外，在当时还有七位公卿是不算在有位大臣内的。假设每位公卿获得一町的宅地，那七个人就是七町。五位以上的四十六名大臣假设每人获得半町宅地，那总共就是二十三町。六位以下的二百八十七名大臣假设每人获得四分之一町宅地，那总共就是七十二町。三者合计为一百零二町，这还是保守的算法，真实情况肯定要比这还要多。以上还仅是公卿和有位大臣所占宅地的面积，再加上其他人员和机构所占的面积，难波京的占地面积肯定是非常大。如此大面积的一座中国式都城，单靠当时上町丘陵上的那点土地是不可能容得下的，所以我才断定难波宫应该是位于长柄本庄所在的平原地区。

关于圣武天皇营造难波京的事情，在《续日本记》等国史中并没有详细的记载。仅知在天平十三（731）年，圣武天皇听从右大臣橘诸兄的建议，将都城从平城京迁往恭仁京。但迁都之事遭到藤原氏的反对，最终不得已又于天平十六年（734）将都城从恭仁京迁往难波京。毫无疑问，迁都难波京后，圣武天皇住的肯定是自己营建多年的难波宫。对于恭仁京我在后文中还会予以介绍，在此我们继续说难波京。

天平十六年（734）闰正月，圣武天皇行幸难波京，自此掀起了迁都大幕。是年二月，恭仁京内的天皇宝座和象征权力的大盾被运到难波宫。此外，恭仁京兵库内的兵器也被运到难波，而且圣武天皇还下令，如果恭仁京内的百姓想迁到难波，一律予以准许。毫无疑问，之所以从恭仁京迁都难波京，其实是反对迁都恭仁京的藤原氏的势力压制住了支持迁都恭仁京的橘诸兄的势力的结果。圣武天皇迁都难波京后也并没有住太久，因为藤原氏的目的并不是难波，而是奈良。对藤原氏来说，迁都难波仅是权益之计。天平十七年（735）八月，在迁都难波京仅有一年多后，圣武天皇决定再将都城迁回平城京。至此，橘诸兄的迁都计划彻底失败，难波京也从此失去了作为都城的资格。

然而在平城复都之后，难波宫并没有被废除，一直以离宫的形式存在。天平胜宝八年（756）二月，孝谦天皇和圣武上皇一起行幸难波，但这次并没有住在旧的难波宫，而是住在位于难波东南的新宫。是年三月，圣武上皇曾到难波堀江畔游览。《万叶集》中收录了不少此次行幸的陪同人员所作的和歌。

桓武天皇将都城从平城京迁往山城长冈京后，出于节约财政支出的考虑，废弃了难波宫。在难波宫被废弃以前，由于难波曾为都城，所以难波所在的摄津国一直都没有和其他诸国一样被置于国司的管理之下，而是单设了摄津职，与左右京职有着同样的地位。在难波宫被废除后，摄津职也被降格为摄津国，和其他的诸国一样，完全被置于国司的行政管理之下。

不管是名还是实，如果占一样就算的话，那难波京作为都城的历史往远了说是从应神天皇营建大隅宫开始，按《日本书纪》所记载的年份，大约为429年；往短了说是从孝德天皇的大化改新开始，大约为139年。最后，在桓武天皇废弃难波宫后，难波京作为都城的历史就名实共亡了。

4.5 难波的别宫

所谓的难波宫其实是一个泛指的概念，除了我上文中介绍的长柄丰崎宫外，还包括一些在难波的其他宫殿，其中尤其需要注意的就是味经宫。白雉元年（650）正月朔，孝德天皇曾驾临味经宫观看贺正之礼，但没有在此留宿，当天就返回了丰崎宫。据史料记载，味经宫可能位于味原乡，应该是在江口附近典药寮所属的味原厨又或是延历四年（785）在鯵生野开凿的运河旁边。现在江口的西北方还有北中岛村大字东宫原、南宫原、北宫原和宫原新田等地名，应该都和当年的味经宫有着很深的关系。奈良时代，难波宫指的就是长柄宫和味经宫。神龟二年（725），歌人笠金村在咏诵圣武天皇行幸难波宫的和歌中写道：

海光彻照难波邦，
多道是芦苇当围墙，
穷乡僻壤，古老荒凉，
付诸不闻不问，亦已久长。
如今来在绩学长，长柄宫址，
画栋雕梁，重建朝堂。
随从的百工臣良，
海鸟般群集后方，
虽则旅途行在，

味经原上，盖起了宫房，

俨然是都城模样。[12]

根据此和歌的表述，长柄宫和味经原应该是位于同一个地方。另外，天平十六年(744)，田边福麻吕在咏诵难波宫的和歌中写道：

八隅我天皇，屡幸难波宫。

地势近海边，入海有路通。

朝浪如振羽，浪音骚然鸣。

入夕风浪止，又闻摇棹声。

晓来一梦觉，所闻又凄然。

海边潮水来，时或潮水干。

浦上或渚中，千鸟呼妻还。

蒹葭丛草畔，鹤鸣响彻天。

见者定有言，闻者定欲见。

即此味原宫，人人看不倦。

此首和歌中明确指出了难波宫就是味原宫，而且此座难波宫离海很近，站在宫内就能望见海上摇棹的渔人等。据此可以看出，当时难波京的范围已经扩张到了长柄川北侧的味经原。大化改新时，日本国内存在将味原宫和味经宫混为一谈的情况，所以此首和歌中的味原宫指的应该就是味经宫。

12. 译者注：引自中国友谊出版公司出版的《万叶集精选》，钱稻孙翻译。

另外，奈良时代的难波京的繁华也惠及堀江川（今天天满川以南的地区），在堀江川以南形成了繁华的难波集市。《续日本纪》“延历三年（784）五月”条中记载了一件非常奇异的事情，其中写道：“今月七日卯时，虾蟆[13]二万许，长可四分，其色黑斑，从难波市南道，南行池列可三町，随道南行，入四天王寺内。至于午时，皆悉散去。”

据此我们可以看出，当时难波集市应该位于天王寺以北，天满川以南这一地区。

在难波除味经宫外，据《日本书纪》载，在孝德天皇在位时还存有难波崎宫、虾蟆行宫、大郡宫、小郡宫和子代离宫等宫殿。难波崎宫，顾名思义，应该位于难波崎即上町丘陵的北端，也就是今天大阪城的所在地。虾蟆行宫中的“虾蟆”二字后来演变成了高津[14]，即今天东西高津附近。不过此高津和仁德天皇的高津宫并没有什么关系，仅是附会高津宫的名称而已，后来有人曾在东西高津附近去寻找高津宫的遗址，这显然是不会有什么成果的。前文已述，大郡为东生郡，小郡为西成郡，所以大郡宫应该是位于东生郡，小郡宫应该是位于西成郡。据天平宝字四年（760）

---

13. 译者注：虾蟆为日本神话传说中经常出现的一种大型的蟾蜍。江户时代的怪谈集《绘本百物语》和北陆地方的怪谈集《北越奇谈》中都有对虾蟆的描述。
14. 译者注：虾蟆在日语中的写法为“蝦蟇”，发音为“かはづ（kahadu）”，高津发音为“たかづ（takadu）”，两者发音类似，所以后来“蝦蟇”逐渐被写作“高津。”

十一月的正仓院文书记载，小郡宫位于堀江川以南，所以我们推断大郡宫应该是位于后来的长柄宫附近。据后人对《日本书纪》的注释，子代离宫是在拆除难波狭屋部邑的子代屯仓的基础上盖的行宫，所以我们推测其位置应该是在西成郡赞阳乡附近。

5

大津京

5.1 大津京的沿革

有一首描写志贺大津京（今滋贺县内）的和歌，通常被认为是平忠度[1]所作，但具体是谁所作其实并不清楚，其中写道：

细浪本是志贺都，如今荒芜昔不如。

满目凋零人心碎，唯有山樱美如初。

对后世的歌人来说，荒废的志贺大津京是一个永恒的创作主题。中大兄皇太子和藤原镰足共同辅佐戴孝德天皇，完成了大化改新的大业，并迁都难波京。但由于迁都一事受到飞鸟旧势力的强烈反对，所以难波京并没有能够存续太久，很快都城又被迁回飞鸟。此事在前文中，我已经详细介绍过。但是，对那些想建功立业的名臣贤相来说，飞鸟积弊太多，并不是一个长久之地，但迫于旧势力的压力，只能暂且留在飞鸟而已。齐明天皇驾崩后，中大兄皇太子不登皇位，以皇太子的身份执政六年，然后才继位，是为天智天皇。天智天皇追寻景行和成务两天皇的足迹，选定大津之地营建新都城。新都城位于景行天皇的志贺高穴穗宫附近，既可以控制东北方向的辛崎港，又可以利用湖水之便直达东海、东山和北陆诸道。当时，新罗消灭了百济，导致日本在朝鲜半岛的势力衰微，齐明天皇在西部受挫后，转而向东部谋求发展，于

1. 译者注：平忠度是平安时代末期的武将、歌人。他是平忠盛的第六子，藤原为忠之女所生。他也是平清盛的同父异母弟，官至正四位下萨摩守。

是派阿倍比罗夫[2]征讨东夷，最终使天皇的统治范围扩展到奥羽地区[3]。至此，自日本海沿岸一直到北海道的渡岛都成为齐明天皇的统治区域。齐明天皇并不满足于日本陆上的统治，把目光投向太平洋，曾在石城设立造船厂建造大船，派遣远征队进入太平洋探险。天智天皇选择大津作为新的都城，这和当年景行天皇选择穴太地区作为都城有很多相似之处，景行天皇是在日本武尊征伐东夷之后选择的大津，而天智天皇也是在阿倍比罗夫征伐东夷之后选择的大津。此外，迁都大津还有一个重要原因，天智天皇在位期间，日本曾帮助百济和中国大唐王朝、新罗干了一仗，结果打输了，为了防止中国和新罗的军队打到日本，天智天皇在对马、筑紫、长门的丰浦和赞岐的屋岛等地建造了防卫城郭，并在大和与河内地区的高安山上建了军事要塞。即便做了这么多防御准备，也依然难以确保飞鸟固若金汤，飞鸟的地形非常不利于抵抗外寇的入侵。而大津深处内地，另外还有逢阪山这一天险保护，易守难攻，所以天智天皇才决定迁都大津。总之，天智天皇迁都大津有三方面的原因：一是为了摆脱飞鸟旧势力的牵绊；二是为了加强对东北地区的统治；三是为了预防外寇的入侵。

天智天皇迁都大津之后，对飞鸟的旧势力也并未敢放松警惕。

---

2. 译者注：阿部比罗夫，也作安倍比罗夫、阿倍比罗夫、阿倍引田臣、阿倍比逻夫。日本古代著名将领。历任越国守、后将军。
3. 译者注：奥羽是日本古时陆奥国和出羽国的合称，基本相当于现在的东北地区。

飞鸟、桧前地区的汉人一直是苏我大臣家的爪牙。在当年天智天皇还身为中大兄皇太子，征伐苏我入鹿的时候，汉人采取的是一致反对的态度。在中大兄皇太子的劝说下，他们暂时服从，但在心底里对大化改新是不欢迎的。另外，天智天皇的皇弟大海人皇子是一位非常有能力的人，他放弃第二继承人之位，隐居吉野。但其背后有飞鸟旧势力的强大支持，当时的人评价天智天皇同意其隐居吉野是“放虎归山”，据此也可以看出大海人皇子对近江朝廷[4]的巨大威胁。总之，天智天皇要想维持大津京的统治其实是非常困难的。

迁都大津和当年迁都难波一样，都遭到了旧势力的强烈反对。《万叶集》中收录了柿本人麻吕作的关于迁都大津的和歌，其中反对的意思非常明显。另外，据《日本书纪》载，当时世人对迁都非常反对，讽谏者众多，而且迁都之后大津京内是火灾频发。天智天皇八年（670）十月初，迁都后仅两年，大津京的大藏省被焚毁。两年之后，即天智天皇十年（672），重建后的大藏省再次失火。此次火灾造成京城内大面积延烧，导致整个宫城化为乌有。毫无疑问，这所有的火灾应该都是由反对者纵火所致。面对此种严峻的情况，天智天皇内心也是颇为不安，所以在天智天皇九年（671）二月行幸蒲生郡，并选定了新的宫地。新的宫地比大津更

4. 译者注：大津原为近江国的政治中心，在天智天皇迁都大津后，新的中央政府被称为近江朝廷。

为偏远，这一方面可能是为了防备外寇的入侵；另一方面可能也是为了更加远离飞鸟的旧势力。但是在天智天皇十年（672）二月，也即大藏省再次失火、整个宫城都化为乌有的翌月，天智天皇不幸因病驾崩，接下来就爆发了天智天皇的儿子大友皇太子与天智天皇的弟弟大海人皇子之间的壬申之乱。最终大友皇子的近江军战败，大津京也随之全部归于荒废。其实早在天智天皇还健在时，就已经意识到了自己的皇弟大海人皇子可能会威胁到太子的皇位，于是在病入膏肓之际曾召见大友皇太子和诸位大臣，让各位大臣发誓确保戮力同心共同辅佐太子登基。这和数百年后丰臣秀吉临终前的所作所为如出一辙。丰臣秀吉在去世前曾召见五大老，让他们发誓辅佐丰臣秀赖，不可有异心，但是结果却完全背离了丰臣秀吉的期望，在他去世后没多久就爆发了关原之战和大阪之战。整个丰臣家族彻底灭亡。天智天皇亦是如此，在他驾崩后爆发了壬申之乱，大友皇太子战败自杀。大津京也难以摆脱荒废的命运，最终演变成歌人笔下一座永恒的荒废之都。

5.2 大津宫的位置

大津宫并不是位于今天的大津市，而是要更往北一些，位于今天辛崎附近滋贺村的滋贺里。天智天皇迁都大津京的翌年，曾在宫城西北的山林中修建崇福寺，后来虽然大津京被废，但崇福寺依然得以保留至平安朝末期。根据崇福寺的位置，我们大致可以推断出当年的大津宫应该就位于现在滋贺村的滋贺里。直到今天，在滋贺里还保存着当年大津宫的部分础石，而且最近还给立了一块碑，用以标明这里曾是大津宫的所在地。另外，据旧都址调查热心家木村一郎介绍，在崇福寺的东南方滋贺村内有一处叫小字蚁内[5]的地方，蚁内有荒废的内里之意，这可能是当年大津宫荒废之后流传下来的地名。对于此观点，我基本表示认同。另外，在小字蚁内旁边还有一处叫小字宫内的地方，而且此处还有一座氏神社，这可能和以前的大津宫也有关系。总之，滋贺村是当年大津宫的所在地，这是毫无疑问的。再说点题外话，长冈京宫城的旧址上现在有大字极殿这一地名，而且还给立了一块纪念碑，用来标明这里曾是长冈京宫城的所在地。在大字极殿的东北方有一处被称为小字荒内的地名，可能指的是荒废的内里。以上所述的长冈京宫城旧址上的两处地名对我们研究大津宫的所在地是很好的旁证。

5. 译者注："蚁"字在日语中的发音为"ari"，"荒"字的发音为"are"，两者颇为相近，所以小字蚁内应该是从小字荒内演化而来。

大津京是按照中国都城风格建设的一座新式都城，往西可达比睿山山麓，往东直达湖滨。明治二十八年（1895），有人曾在滋贺村南部的锦织村立了一块大津宫址的纪念碑，这其实是被当地一处叫御所内的地名所误导的结果，真正的大津京的宫城并不在此处。锦织村内的御所内可能是近江守源赖义的官衙旧址。近来听闻锦织村已经有了将此碑换掉的计划。

5.3 废都后的大津

早在壬申之乱前，大津宫就已经化为乌有。壬申之乱后，都城被迁回大和，大津宫也因此不再重建，很快其遗址就变为一片废墟，仅剩下茂盛的荒草在肆意生长。柿本人麻吕在经过大津故都时曾作和歌三首。

《过近江荒都时，柿本朝臣人麻吕作歌》[6]

其一

神武天皇开国初，亩傍奠基橿原宫。

历代天皇均居此，治国大和安圣躬。

然则废弃大和城，攀越奈良山百重。

圣意何在难揣度，迁都旨意出宫廷。

远离近畿来僻壤，新筑近江大津宫。

必是天皇行英断，安邦治国此皇城。

宫墙殿宇辉煌尽，如今春草郁葱葱。

霞笼丽日难知处，瞻仰遗址尽悲生。

其二

滋贺唐崎在，高名亦幸存。

岂奈待良久，宫人船不临。

6. 译者注：此三首和歌引自人民文学出版社的《万叶集选》，李芒翻译。

其三

滋贺大海湾，微波水漫漫。

欲见昔时客，人烟已杳然。

根据和歌中所述，当时的大津故都已经彻底荒废。另外，此首和歌中还流露出作者对天智天皇迁都大津的反对之意。此首和歌的创作年代不详，但《万叶集》是成文于持统天皇在位期间，假设这首和歌就是创作于持统天皇在位的最后一年，那离天智天皇驾崩也仅有二十五六年时间。如此短的时间内，当年繁华的大津宫已经变得荒草丛生，宫殿已经无处可寻，真是让人不胜唏嘘，但一切又是时势使然，也是没有办法的事。

大津京虽然失去了都城的地位，但是要津的地位却一直得以保留。桓武天皇继位后，延历五年（786），为纪念曾祖父天智天皇，特意在大津建了一座梵释寺。梵释寺早已被毁，具体位置已很难说清，但是，在今天滋贺村大字南滋贺的蟹学堂经常出土一种黄色的特殊的古瓦，又有很大的塔的础石等被保留至今，所以有人觉得这里应该是梵释寺的旧址。我对此基本没有什么异议，因为在这一地点除了梵释寺，根本不可能有其他的大型建筑。据《今昔物语》载，梵释寺位于三井寺的北边，弘仁六年（816）嵯峨天皇行幸辛崎时，曾顺便到志贺山寺即崇福寺拜佛，后来又去了梵释寺，并在梵释寺品尝了永忠僧都献上的茶水。虽然梵释寺是在大津京荒废后所建，但其与大津京有着很深的因缘，所以将梵释寺视为大津京的一部分也未尝不可。近年来，有人将蟹学堂误解为劝学堂，并认为这里应该是天智天皇所创建学校的遗址，但是这种说法很显然是错误的，因为在当时学校并没有“劝学堂”这一称呼，另外从蟹学堂保留下来的遗址来看，这里很明显曾是一座寺院，不可能是一处学堂。

延历七年（788），传教大师最澄在比睿山创建延历寺，其位置虽然稍远一些，但将其视作大津旧京的寺院也不为过。另外，百济灭亡后，大批的百济移民归化日本，很多有技能的人员被朝廷重用，但其中有一名叫答炑春初的百济人在朝廷迁回飞鸟时并没有随之一起迁回，而是来到比睿山中建寺隐居其中。后来，奈良朝的近江守藤原武智麻吕曾到山中寻找其遗迹，并作诗一首，后被收录到《怀风藻》中。当时，大津京的很多遗臣不愿到飞鸟出仕，选择隐居在大津终其一生，答炑春初就是其中的一位。今天在崇福寺的遗址内，依然保留着很多那个时代的坟墓，这也在冥冥中向我们诉说着很多遗臣选择隐居在大津的事情是真实存在的。

大津宫被废弃后，大津被更名为古津，在桓武天皇迁都山城后才被恢复大津之名。当时的大津是新京通往东部诸国的要津。今天的大津与古时的大津仅是地名相同而已，其实并不是位于同一个地方。织田信长火烧比睿山，彻底荡平僧兵势力，然后将原本为保卫比睿山所设计的坂本城整体移到今天大津的所在地，新的大津城逐渐繁荣起来。旅人自大津出发向东，越过逢阪关，跨过很多座桥，经过湖东后就可以分别前往东海道、东山道和北陆道。而旧的大津，即志贺里所在的地区则彻底变成一片废墟，甚至连名字都逐渐被人所忘记了。

最后以九首和歌结束本章。

高市古人	湖面微波皱，故都荒草生。 目睹此光景，难掩悲伤情。	《万叶集》
置始东人	志贺有大湖，湖面水波荡。 思君不见君，泪颜风吹干。	《万叶集》
公任	志贺山中风、吹皱一池水。 冷风吹不止，心中悲凉生。	《和歌拾遗集》
橘成元	志贺山岭众，樱花始盛开。 落花掩古道，旅人路难寻。	《和歌后拾遗集》
后成	志贺湖水波荡漾，峻奇古松屹岸旁。 不知正月谁来此，采得松枝还故乡。	《新古今和歌集》
家隆	志贺寒冬至，浪停冰始出。 湖面如明镜，映出圆月辉。	《新古今和歌集》
慈圆	志贺辛崎麓，有山号长等。 春色满山野，美景引人胜。	《新古今和歌集》
西行	志贺山道樱花开，春风阵阵摇花枝。 花落犹如风吹雪，埋得路径辨不来。	《山家集》
慈镇	志贺山道中，樱花随风飘。 行人愁思结，心绪乱如麻。	《拾玉集》

6

藤原京

6.1 藤原宫的所在

天武天皇非常希望摆脱飞鸟旧势力的牵绊，同时也深刻意识到飞鸟已经不适合继续作为一个发展中的帝国的首都了，但由于他是在飞鸟旧势力的支持下才得以登上天皇之位，所以即便他想把都城搬到远离大和平原东南隅的地方，也根本实现不了。另外，当时中华文明源源不断传入日本，在中国先进都城的对比下，旧式的飞鸟京和天武天皇所居住的净见原宫已经无法满足天武天皇的需求。在难以远离飞鸟地区另建新都的情况下，天武天皇只能在新旧两种势力之间求得一种平衡，选择在飞鸟京内另建一座新宫。但是，新宫还没有开建，天武天皇就驾崩了。

持统天皇继位后，在天武天皇选定的地址上建造了藤原宫。藤原宫位于净见原宫的西北，偏居旧京的一隅。《万叶集》中收录了一首关于藤原宫御井的和歌，其中写道：

统治八方的我大君，

是天照大神的子孙。

美丽的藤井原上，

立起了恢宏的大御门。

站在埴安堤上，

望向恢宏的藤原宫。

东门外是大和的香具山，青山繁茂。

西门外是亩傍山，瑞气遍野。

北侧是耳成山，神山耸立。

壮丽的南门耸入云霄，

往南可看到遥远的吉野山。

在高天和太阳和护佑下，

御井的清水泉流不息。

这是藤原宫时代的歌人站在城东的埴安池的堤岸上，望着藤原宫，咏诵出了当时所见的实景。根据歌中所述，藤原京应该是位于大和平原的东南隅，在亩傍、耳成和香具三山之间，往南可以遥望吉野山。从飞鸟旧京的位置来看，藤原宫位于京城的西北郊外，确实如前文所述是属于飞鸟京的一部分。从“京”这一称呼来看，因为藤原宫是飞鸟京的一部分，所以将其称为藤原京也许并不妥当。可能也是基于以上原因，在《日本书纪》中仅有藤原宫的表述，没有任何藤原京的叫法。不过，新的都城是一个与飞鸟旧京完全不同的新式都城，已经呈现出了新京的样态，所以很多人为了方便起见，直接称其为藤原京，但它其实和飞鸟京内的板盖宫、净见原宫和冈本宫等一样，都是飞鸟京内的一处宫殿而已。藤原京主要是持统天皇在位时经营，《日本书纪》称其为新益京，即新增加的京城的意思，这也表明当时飞鸟京已经扩张到了西北郊外。

6.2　藤原京的都制

藤原京与平成京、平安京，以及之前的大化改新时的难波京一样，都是仿照中国的长安京而建。至于当时的都制是什么样子，我们根据《大宝令》很容易就可以推断得出。不过也有人对此持有异议，认为《大宝令》是养老年间的修正版，所以其内容反映的应该是养老年间的情况，也就是说其记载的都制仅适用于养老年间的平城京，用其推断之前的藤原京显得有些牵强附会。其实，之所以产生这一异议，是因为当事人只知其一不知其二。养老年间曾对《大宝令》进行修订，这是众所周知的事实，但当时的修订尺度非常小，仅修订了一小部分而已，而且绝大多数重要的内容都是继续沿用《大宝令》当初制定时的条款。不过对于此问题，学者之间依然存在各种各样的疑问和争论，我们先不去管它，众多的实例已经证明，养老年间修订的《大宝令》与最初的版本在重要内容上并没有什么大的变化。甚至可以说，《大宝令》中的京城都制其实指的就是藤原京的事，后来的平城京的都制和《大宝令》反而不是那么吻合。

根据实地调查、田籍和田图资料，尤其是东大寺东南院所存的《律书残篇》中的“国都记事”的记载，我们可以判明平城京采用的是南北共九条的设计。然而，《大宝令》中规定的都制却是“左右京各坊令十二人”。根据“四坊为一条，设一坊令”的古制，当时的都城应该为南北共十二条的设计，每条包含四坊，所以单侧为四十八坊，再加上朱雀大街将京城分成了东西两京，所以整个京城共计九十六坊。有人曾将《大宝令》中“左右京各坊令十二人”的记载往平城京和平安京身上靠，但这显然是错误的，《大宝令》中的此条记载指的就是藤原京。可以看出，藤原京的条坊数要比平城京多很多，但根据上一小节中描写藤原宫的御井的和歌所述，藤原京是位于亩傍、香久和耳成三山之间，其面积颇为狭小，不可能有平城京那样恢宏的规模。也就是说，当时藤原京条坊的规模要比平城京条坊的规模小得多。事实上，当时飞鸟京的主要部分，如果站在藤原京的角度来看，就是藤原京东南郊外的部分依然是最繁华的，在管理上，藤原京和这飞鸟京的主要部分之间是什么关系，现在还弄不清楚，这真的是件遗憾的事情。

在迁都平城京后，条坊制的都城设计理念开始在大和平原付诸实施，但是藤原京却在整理耕地的政策下被完全毁坏了，导致后世想去实地寻找一下当时道路的遗迹都完全找不到。不过，根据《大宝令》的记载、遗留下来的地名及后来平城京和平安京的实际情况，我们基本可以推测出当时藤原京大致的样子。据《释日本纪》中的“氏族略记”载，藤原宫位于高市郡鹭巢阪的北边。另据《扶桑略记》载，藤原宫位于大和高市郡鹭巢阪。两者稍有差异，但可以确定的是藤原宫应该就位于鹭巢阪附近。前文已述，藤原宫位于亩傍、香久和耳成三山之间。今天去这三山之间实地踏寻，会发现偏东一点是名为日高山和小山的小丘陵，所以说三山之间的偏东地区不会是当时都城的所在地。另外，据《延喜式》载，高市郡有一座鹭巢神社，今天高市郡白橿村大字四分的鹭巢八幡神社即当年的鹭巢神社。但是当地的地势根本就没有斜坡，而阪有斜坡之意，所以鹭巢八幡神社是否就是当年的鹭巢阪还有待商榷。不过，鹭巢八幡神社位于亩傍和香久两山中间的南北线附近，而这条南北线很有可能就是当年藤原宫的朱雀大街的所在地。这样说来，当年的藤原宫很有可能就位于鹭巢神社的北边。《古事记》垂仁天皇条中出现了鹭巢池这一地名，而《扶桑略记》和《释日本纪》中的写法为鹭巢阪，此处的鹭巢阪很有可能是鹭巢池的误写。如果是池，不是阪的话，那当地地势没有斜坡也就可以解释了。在今天鹭巢八幡神社的所在地有一处叫小字门胁的地名，这很有可能是因为此地位于当年藤原宫朱雀门旁边所以才流传下来的地名。另外，在鹭巢神社的北边有一个叫鸭公村的村庄，村子西北二百多米处有一个叫大字醍醐领的地方，在此地有一处土坛遗迹。明治四十四年（1911），考古学家在土坛附近发现了数块础石，毫无疑问这应该是某座寺院的遗址，而且跟藤原宫应该也有着某种关系。天平十六年（744），恭仁宫被废后被改用为国分寺；弘仁初年平城京被废后改用为超升寺。根据这一情况，我们推测此寺院很有可能就是当年的藤原宫。

不管怎么样，藤原宫肯定是位于鹭巢神社与耳成山之间，这是毋庸置疑的。藤原宫的正门正对南北走向的朱雀大街。朱雀大街将京城分为左右两京。一旦朱雀大街和宫城的位置被确定的话，那么左右京的范围也大致能够判断出来。今天耳成山的南侧有一条贯穿东西的初濑大街，也被称为“横大路”，据说推古天皇在位时修的从难波直通飞鸟的大道就是这条路。藤原京以横大路为最北端，往南设计了十二条。今天的白橿村有大字四条和小字东西五条的地名，这可能跟藤原宫的四条和五条有关。藤原宫的最东端为推古天皇朝圣德太子所设计的中道，最西端为神武天皇陵前贯穿南北的大道。东西两条大道分别靠近亩傍山和香久山，而且距离两座山的远近也基本相同。也就是说，藤原京利用之前已经存在的中道和横大路为其东部边界和北部边界，而且其位置也正好位于亩傍、香久和耳成三山的正中间。在壬申之乱的记载中已经出现了中道，而且自古至今中道都是一条非常著名的道路。在藤原京最东端的界外就是旧的飞鸟京，依然保持着几分旧时的繁华。

不过，还有另外一种说法。在今天高市郡鸭公村大字高殿存在着小字大宫、宫所、大君、仓町、中殿、城殿等很多跟宫城有关的地名，所以有人就觉得这里应该是藤原宫的所在地。但是从藤原京的都制来看，它分为了左右两京，每京各有十二条，而且是左右对称的，非常整齐，而大字高殿所在的地区偏东，无法做到左右对称，所以就可以直接否定这里曾是藤原宫的所在地。然而，这些跟宫城有关的名字又是如何来的呢？我觉得这些地名可能是跟允恭天皇为宠妃衣通姬建造的藤原宫有关，跟后来持统天皇所建造的藤原宫并没有什么关系。

关于藤原宫的位置还有另一种说法。在今天飞鸟的东边有一个叫小原的地方，古时候被称为大原，有人认为这里是藤原宫的所在地。很多古代文献也持同样的观点，认为小原是藤原氏的祖先藤原镰足的居住地，并且认为当地的小字宫前、宫上和宫后等地名都与藤原宫有关。其实宫前、宫上和宫后等地名并非一定得来源于皇家的宫殿，如果是来源于神社的话，也是说得通的。过去这里曾有一座大职冠神社，而且当地人并不习惯称之为神社，而是称其为神宫，所以才有了以上那些地名。另外在小字宫前的北侧有一个叫寺西的地方，其实指的就是位于藤原寺以西之意。据惠美押胜所著的《大职冠传》记载，藤原镰足是出生于高市郡藤原第。因为这里有大职冠神社、藤原寺，还有藤原镰足出生的传说，所以很多人就认为这里是藤原这一姓氏的发源地，并且认为藤原宫应该也是位于这里。不过，藤原镰足的出生地是否真的就是藤原第，我们并没有任何证据。另外，据藤原家的族谱记载，藤原镰足的孙子藤原武智麻吕是出生于大原第，可以看出在大原地区应该有藤原氏的宅邸，不过藤原镰足的出生地是否也是在这里并没有明确的证据。而且还有一种可能，藤原镰足的诞生地及传说可能是后人把藤原武智麻吕的事情误认为是藤原镰足的了。根据《万叶集》中和歌的表述、《大宝令》中的都城之制及其他的很多证据，藤原镰足的出生地藤原第、衣通姬的藤原宫和持统、文武两天皇的藤原京肯定是位于同一个地区。这一地区肯定是位于亩傍、香久和耳成三山之间，所以说藤原宫位于小原的说法一定是错误的。

《续日本纪》中偶然记载了藤原京中其中一坊的名称为林坊，据此我们可以推测出当时藤原京内的各坊应该都有自己的名字。

藤原宫可能和板盖宫一样，也有十二座宫门。据《续日本纪》载，其中一个宫门名为海犬养门。另外，海犬养门还是后来的平安宫安嘉门的旧称。据此可以看出，平安宫各门的名称早在藤原宫时就已经有了。据《拾芥抄》载，安嘉门为海犬养氏所建。也就是说，平安宫的安嘉门可能是由海犬养氏捐资兴建。

藤原宫内建有大极殿、朝堂院、内里诸殿、东楼、西楼等很多名称不同的殿宇。后来平城宫和平安宫内的很多宫殿的名称其实早在藤原宫内就已经有了。

6.3 藤原京的沿革

前文已述，藤原京又被称为新益京，虽然宫殿和都城都比较气派，但最初仅是持统天皇迫不得已的折中选择，既然不能离开飞鸟京，就只能在飞鸟京的一隅再造一座新京了。限于当时的条件，藤原京的面积狭小，交通不便，难以满足新时代思想的要求，同时也不能适应发展中的时势。

持统天皇四年（690）十月，持统天皇视察了新宫的建设用地。翌年（691）十月，持统天皇举行了新益京的诸神镇守祭祀仪式。翌年（692）五月，持统天皇举行了宫地的诸神镇守祭祀仪式。持统天皇八年（694）十二月，持统天皇迁入新宫。可以看出，从最初选择建设用地到迁入新宫，前后历时四年有余。而且在持统天皇迁入后，宫殿的建设事业一直在持续，直到七年后的文武天皇大宝元年（701），负责建造宫殿的官员职位由造宫官升格为造宫职。三年后的庆云元年（704），藤原宫地最终确定，一千五百零五户百姓住宅被划入宫地范围内，文武天皇还赐给范围内的每户百姓布匹。不过，在宫地确定仅有二十六个月后，朝廷就掀起了迁都之议，但是没过多久文武天皇就驾崩了，即位的元明天皇在和铜元年（708）二月由于无法力排众议，只好下旨迁都平城。可以说，平城京其实是在文武天皇在位时就已经基本选定了。

迁都平城后的翌年，藤原宫被烧毁。在飞鸟京拥有很大势力，确保了都城长期留在飞鸟的各大寺庙也陆陆续续迁往平城。臣僚庶民等也听从皇命相继迁往平城。《万叶集》中有和歌记录了当时人们的心情。

《从藤原京迁于宁乐宫时歌》

大君颁圣命，惶恐别家园。

莹莹初濑水，汩汩泛层澜。

行经十八曲，一曲一回眸。

行行将日暮，佐保抵中流。

奈良京远顾，假寐梦中游。

晓月清辉漾，依依照薄裳。

凝眸方审视，双袖覆青霜。

夜寒袭骨透，河上闪冰光。

何辞辛与苦，奋力事漕航。

大君其安居，皇祚万年长。

愿效微薄力，常伴水泱泱。

反歌（起补足之前长歌意旨的作用）

巍巍宁乐宫，万代皇祚荣。

我亦常来往，莫谓忘奉公。[1]

通过以上两首和歌可以看出，迁都的路线是从初濑川出发，

1 译者注：引自人民文学出版社出版的《万叶集选》，李芒翻译。

经佐保川，然后抵达平城。迁都中的百姓对旧都充满了依依不舍之情。不过，自从迁都平城京后，飞鸟就再也没有复都过。飞鸟京的历史如果从推古天皇的丰浦宫开始算起的话，前后大约有一百二十年，如果从钦明天皇开始算起的话，前后大约有一百六十余年。最后以一首《藤原宫之役民作歌》结束本章。

《藤原宫之役民作歌》

吾王嗣天日，御宇恢八纮。
照临此邦土，经始藤原京。
京国宏规制，宫殿崇楹甍。
神意初焕发，天地并力行。
远从淡海国，于彼田上峘。
斧斤伐其桧，棱柧随所刊。
放诸宇治河，不待人力盘。
有如沿波藻，浮游下长湍。
既及河之汇，揽取自河中。
子民众欢呼，喈喈复叿叿。
浑忘有家室，何复识我躬。
涉水如凫鸭，但乐未有穷。
所期不日成，帝阙开堂皇。
会从巨势道，络绎来遐荒。
神龟负图出，分明蓬莱乡。

亦云此一新，泉河美泱泱。

爰聚梁栋材，结桴沂通渠。

睹此力竞宣，吾王其神如。[2]

本书初版之时，我对藤原宫位置的考证基本如上文所述，并且一直以来都觉得应该没什么大的问题。但是，前几年古文化研究所对大字高殿的遗址进行了考古发掘，结果证实大字高殿就是藤原宫朝堂院遗址的所在地，从而也证实了大字高殿应该就是持统天皇八年（694）天皇所迁居的藤原宫的所在地。可以看出，当时的藤原宫仅是在新益京的一部分地区建的宫城，而且当时的新益京也没有采用左右两京对称的新式都城样式。《大宝令》制定后，天皇已经不再满足于将宫城建在新益京内，于是仿照唐朝长安京的样式，选择在三山之间建造新的都城，中央为朱雀大街，左右为两京，北端为宫城。这样一来，原有的宫殿就变成了偏居在都城的东南角，无法继续充当宫城的角色，于是在庆云元年（704）十一月，文武天皇通过占卜，决定在大字醍醐建造新的宫城。根据史料记载，在新宫城建设用地内的百姓住宅达到了 1505 所，这些百姓很有可能是当年建造新益京时被搬迁到此地的，所以居住得比较密集。原有旧宫的建筑物基本都被移建到了新宫。通过考古发现，旧宫内的础石都已经不存，仅剩下础石下堆积的砾石，

2　译者注：引自人民文学出版社出版的《万叶集选》，李芒翻译。

所以基本可以断定当时连础石也都被运到了新宫。在今天小字大宫的西侧有一处被称作“当坪”的地名，在日语中“当”和“塔”的发音相同，而塔又是佛教寺院内的专有建筑，所以我猜测当时旧宫内的宫殿应该没有被全部拆除，可能有部分宫殿被用作了寺院。庆云三年（706）正月，文武天皇在大极典接受群臣朝贺，所以我觉得在当时朝堂院应该是已经建好了的，然而在翌年正月突然又兴起了迁都之议，没过多久文武天皇驾崩，七月元明天皇即位，和铜三年（710）迁都平城京。可以看出，位于大字醍醐的藤原新宫在建成的同时几乎就被废弃了。至于当时藤原京的条坊是否已经建成，现在还不得而知。

藤原宫原本就是妥协姑息的产物，所以也注定了它不会存续太久。无论是旧宫所在的大字高殿，还是新宫所在的大字醍醐，地域都非常狭窄，并不能适应当时时代发展的要求。尤其是自大化改新以来，很多有抱负的政治家都想摆脱飞鸟旧势力的牵绊，但藤原京却依然在飞鸟旧势力的控制范围内。另外，藤原京的地形是向北边开放，南边是山，与天子南面而坐的礼制也不相符。自小恳田时代（皇极天皇执政）以来，朝廷一直在采取政策削弱飞鸟汉人的势力，至元明天皇即位后，飞鸟汉人势力衰弱，朝廷已经无须再顾及汉人的反对意见。平城虽远，但最终迁都成功，其原因也正在于此。

前文已述，藤原京被废弃后，原有的京城用地逐渐被整理成耕地，旧时的条坊已经荡然无存，不过我们依然可以通过《大宝令》了解到藤原京大致的都制。藤原京应该有左右两京，每京各有十二条，每条有四坊。藤原京东西北三面环山，南侧有丘陵，建设用地有限，东西仅有四里，南北仅有六里。按照当时的尺度单位，一里等于大尺一百五十丈，换算下来藤原京的东西为六百丈，即今天的二十町；南北为九百丈，即今天的三十町。左右两京南北为十二条，东西共有八坊，而藤原京的南北长度为九百丈，东西长度为六百丈，平均下来每坊是七十五丈见方，也即半里见方。条坊之间由大路相隔，每坊内部又由小路分割为四个坪，大路宽六丈，小路宽三丈，所以各坪为三十三丈见方。如果将其换算成和铜年间改定的尺度，那就是大路宽为七丈二尺，小路宽为三丈六尺，各坪为三十九丈六尺见方。后来的平城京的大路宽为八丈，小路宽为四丈，各坪为四十丈见方，与换算之后的藤原京的数据非常相近。不过，平城京在建设过程中吸取藤原京的教训，将面积扩大了整整三倍，每坊扩大到一里见方。藤原京的每坊是半里见方，分为四坪，而平城京的每坊是一里见方，分为十六坪，而且坊内的小路也相应曾多。按照律令制的规定，每坊为一里见方，即大尺一百五十丈见方，如果换算成小尺的话就是一百八十丈见方，大路宽八丈、小路宽四丈，各坪正好为四十丈见方。这一数字与藤原京的数字非常相近，而且恰好是个整数，所以应该是符合当时实际的。平城京建成后不久，朝廷吸取建都过程中所用尺度的经验，于和铜六年（713）改用小尺代替原来的大尺。

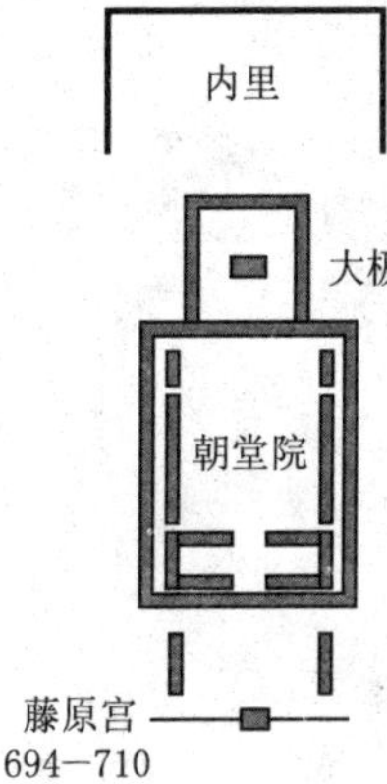
内里
大极殿
朝堂院
藤原宫
694—710

北京极大路
（一条）
一条大路
（二条）
二条大路
（三条）
三条大路
（四条）
四条大路
（五条）
五条大路
（六条）
六条大路
（七条）
七条大路
（八条）
八条大路
（九条）
九条大路
（十条）
十条大路
（十一条）
十一条大路
（十二条）
十二条大路
宫
城
四坊
三坊
二坊
一坊
一坊
二坊
三坊
四坊
右
左
京
京
西京极大路
（右京四坊）
三坊大路
（右京三坊）
二坊大路
（右京二坊）
一坊大路
（右京一坊）
朱雀大街
（左京一坊）
一坊大路
（左京二坊）
二坊大路
（左京三坊）
三坊大路
（左京四坊）
东京极大路

藤原京条坊区划图

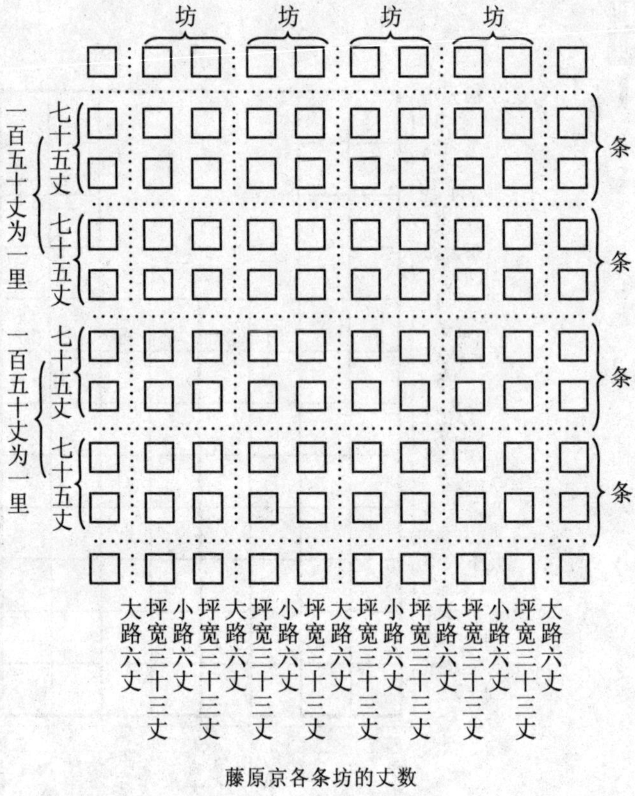
坊
坊
坊
坊
条
条
条
条
一百五十丈为一里
一百五十丈为一里
七十五丈
七十五丈
七十五丈
七十五丈
大路六丈
坪宽三十三丈
小路六丈
坪宽三十三丈
大路六丈
坪宽三十三丈
小路六丈
坪宽三十三丈
大路六丈
坪宽三十三丈
小路六丈
坪宽三十三丈
大路六丈
坪宽三十三丈
小路六丈
坪宽三十三丈
大路六丈

藤原京各条坊的丈数

7

平城京

7.1 平城迁都的缘由

前文已述，持统、文武两天皇所在的藤原京其实仅是飞鸟京的一部分而已。文武天皇在位时一直存在将都城迁离飞鸟京的想法，所以在晚年时再次开始制订迁都计划。文武天皇驾崩后，元明天皇继位，立即决定迁都平城京。虽然迁都平城京是在元明天皇时完成的，但其计划其实在文武天皇在位时就已经非常成熟了。和铜元年（708）二月，元明天皇发布迁都诏书，其中写道："朕只奉上玄，君临宇内。以菲薄之德，处紫宫之尊。常以为，作之者劳，居之者逸。迁都之事，必未遑也。而王公大臣咸言，往古已降，至于近代，揆日瞻星，起宫室之基，卜世相土，建帝皇之邑。定鼎之基永固门，无穷之业斯在。众议难忍，词情深切。然则京师者，百官之府，四海所归。唯朕一人，岂独逸豫，苟利于物，其可远乎。昔殷王五迁，受中兴之号。周后三定，致太平之称，安以迁其久安宅。方今，平城之地，四禽叶图，三山作镇，龟筮并从，宜建都邑。宜其营构资，须随事条奏。亦待秋收后，令造路桥。子来之义，勿致劳扰。制度之宜，令后不加。"

庆元四年（707）六月，文武天皇驾崩。是年七月，元明天皇继位。翌年（708）二月，发布此迁都诏书。从时间上来推断，基本可以断定在文武天皇在位期间迁都的计划就已经非常成熟了。和铜元年（708）三月，迁都平城的主要推动者大纳言藤原不比等被擢升为右大臣。藤原不比等的父亲为藤原镰足。藤原镰足在大化改新中功劳显赫，其在朝廷中的势力逐渐增强，但是他做事低调，努力遮掩锋芒，仅在暗中发挥着自己的实力。无论是大化改新时迁都难波，还是后来天智天皇迁都大津，藤原镰足在其中都发挥了重要作用。将都城迁离飞鸟京、巩固自家的势力、推行理想的新政，这是自藤原镰足以来藤原家坚持不变的一项大方针。虽然藤原镰足一生都没有登上过左右大臣之位，直到临死之前才被任命为内大臣，但是他举荐的阿倍仓梯麻吕、苏我仓山田石川麻吕、巨势德太古和大伴长德等人都被授予大紫冠，荣登左右大臣之列。藤原镰足满足于自己的大锦冠，甘于自己的官职位列大臣之下，对他来说，冠位和官职都是虚的，只要自己牢牢地把控住政治上的实权就足够了，而且据《日本书纪》载，他的影响力确实要比左右大臣大得多。

天智天皇八年（669），藤原不比等十一岁时，父亲藤原镰足去世。虽然藤原镰足生前为近江朝的忠臣，但壬申之乱时，藤原不比等只有十三岁，与交战的两方都没有关系。在战后，藤原不比等并没有因为是近江朝的人而受到处罚。天武天皇在位时，藤原家族被从朝廷中枢清除出去，没有强力后台的藤原不比等只能从下级官僚做起。后来，藤原不比等续弦宫中的内命妇橘三千代，当时的橘三千代在宫中非常有势力，藤原不比等之所以娶她，也正是看中了她的地位，在橘三千代的帮助下，藤原不比等逐渐走到了政治前台。从藤原不比等续弦橘三千代一事，可以看出藤原不比等应该是一个很善于钻营的人。文武天皇在位时，藤原不比等被擢升为大纳言，其女儿宫子也成为文武天皇的夫人，其实就相当于皇后。《大宝令》规定，后宫内除皇后外，其他女官设妃、夫人和嫔三级，而且妃仅限于内亲王的女儿。受此条规定限制，即便藤原不比等再有势力，但由于他不是内亲王，所以其女儿也不能被封为妃，皇后就更不可能了，最后没办法只能被封为夫人。不过，文武天皇除了宫子夫人以外，并没有其他妃子，也没有册立皇后，所以说宫子夫人其实就相当于皇后。除宫子夫人外，文武天皇本来还有两个嫔，但后来都被剥夺了嫔的封号，据此也可以看出当时藤原不比等的强大势力。藤原不比等并没有像父亲藤原镰足那样将都城迁往难波或大津等很远的地方，而是在大和平原中找了一块地儿，这就是后来的平城京。

飞鸟京的世家、汉人及各大寺院的势力极其强大，所以无论是已经将都城迁离了飞鸟，还是计划将都城迁离飞鸟，最终都将归于失败。大化改新时孝德天皇迁都难波京后，虽然勤修佛事，但是飞鸟的各大寺院并不满足。天智天皇迁都大津京后，尽管立即在新京修建了一座崇福寺，但是飞鸟的各大寺院也都是漠然视之。总之，迁都难波京和大津京之所以受到普遍反对，各大寺院的阻挠是其中非常重要的一个原因。迁都平城京的推动者们吸取之前的教训，把关注的重点放在了各大寺院上，在迁都平城京后，马上要求各大寺院也必须迁到平城京。

法兴寺、元兴寺和川原寺等都是飞鸟京内的大寺。另外，天武天皇在位时，将圣德太子所修建的熊凝精舍也移到了飞鸟，并改名为大官大寺，这也是飞鸟京内的一座大寺。天武天皇九年（680），天皇为了祈求皇后（后来的持统天皇）病体早日康复，在藤原京内修建了药师寺，这同样也是飞鸟地区的一座大寺。这些寺院的势力非常强大，是反对迁都平城京的一支重要力量。鉴于此，迁都平城京的推动者们采取了将这些寺院陆续迁到新京的方针，这在以前的迁都中是极少见的。

随着迁都平城的推进，首先是藤原家的家庙兴福寺从厩坂地区迁到了春日山麓。虽然厩坂位于轻地，但依然属于飞鸟京的势力范围。兴福寺原名山阶寺，最初位于山城国的山科地区，后来被迁到了飞鸟京附近。接下来是大官大寺也被迁到了平城京，并更名为大安寺。灵龟二年（716），元兴寺被迁到左京六条。养老二年（718），法兴寺和药师寺也都被迁到平城京。后来，苏我家的家庙丰浦寺（建兴寺）从飞鸟京西南郊外迁到了今天奈良生驹郡片桐村大字丰浦。葛城家的家庙葛城寺和纪家的家庙纪寺也都迁到了平城京的京东地区。除此之外，史料中没有记载但也被迁到了平城京的寺院应该还有很多。据说天武天皇在位时，飞鸟京内有二十四座寺院，但是到了养老四年（720）元正天皇在位时，平城京内的寺院已达到四十八座，可以看出应该有很多寺院都被迁到了平城京。当时依然留在飞鸟旧京的大寺仅有川原寺即弘福寺一所，除此之外都是一些小寺，没有什么影响力。不过，大官大寺、元兴寺和药师寺等在迁往平城京后，在飞鸟旧京还依然保留着本寺，主要用来安抚旧京民众的人心，已经没有什么势力。不知是故意还是偶然，和铜三年（710），即平城迁都后的第四年，藤原宫和留在藤原京的大官大寺的本寺都被焚毁了。总之，自从各大寺院迁往平城京后，反对迁都平城、希望迁回旧都的运动就再也组织不起来了。

兴福寺三重塔

7.2 平城的地理

前文已述，飞鸟地区位于大和平原的东南隅，交通颇为不便。古时候国家发展得还不是很成熟的时期，将都城设在此处还不会有什么不便之感，但随着国家领土的扩张与外国交通的开辟、文明的进步和生活水平的提高，在都城周边逐渐形成了繁华的城市，尤其是在统一各地方之后，中央权力高度集中，中央朝廷派出国司或郡司统治各地区，中央与地方的交通变得越来越频繁，此时如果继续将国都设于如此偏僻之地，就有些不合时宜了。所以说，大化改新时迁都难波和天智天皇迁都大津，虽然有政治家想摆脱旧势力的束缚、在新京大展宏图的意图，但除此之外，想离开飞鸟这块交通不便之地也是其中的一个重要原因。但是，自古以来所有想将都城迁离大和平原的计划，无论是已经实施了的，还是在计划中的，最终都会以失败而告终。鉴于此，平城迁都的推动者们没有选择去离飞鸟很远的地方建一座新都，而是在大和平原内选择了“奈良”这样一块交通方便的土地建了平城京。从当时的实际情况来看，这一选择是非常明智的。

平城京位于大和平原的北端，北侧是低矮的丘陵，南侧是平原，这和“天子面南”[1]的礼制正好吻合。翻过北侧的丘陵就是山

1. 译者注：古代以坐北朝南为尊位，故天子、诸侯见群臣，或卿大夫见僚属，皆面南而坐。帝位面朝南，故代称帝位。人君南面术与道家有密切关系。《汉书·艺文志》指出：“道家者流，盖出于史官，历记成败存亡祸福古今之道，然后知秉要执本，清虚以自守，卑弱以自持，此君人南面之术也。”

城平原，再往北走，过宇治桥，经山科、越逢阪后可到达东山和北陆地区。西南方有大和川，沿大和川顺流而下可直抵难波。另外，迁都后不久，朝廷就下令在东边的都祁山内修路，打通了连接东海道的道路。总之，在迁都以后，类似飞鸟京的那种交通不便已经完全没有了。

“平城”之名在古史中已经有之。崇神天皇在位时，武埴安彦叛乱，官军将其追杀至山城，据传说当时的官军把山都给踏平了，所以得名“平坂”。这仅是传说而已，没有什么史料价值，不过从这一传说我们可以看出古时候奈良地区就已经是重要的交通要塞了。平城有平坦的都城之意，但是古时所谓的平坂并不是指今天奈良坂村的斜坡，而是要更靠西一些。今天的奈良坂古时候被称为般若寺越，而古时的奈良坂则是今天的歌姬越。今天的奈良市古时候仅是平城京东边的一个町，后来专享了“奈良”这一名号后，原先通往北方山城的般若寺越也就更名为奈良坂。但是，这一更名已经是历史上比较靠后的事了，在源平合战时，这里沿用的还是老的地名。在《平家物语》关于治承四年（1180）奈良大火的章节中有“在奈良坂和般若寺两地开辟出道路”的记载，可以看出在当时奈良坂和般若寺是两个完全不同的地方。自歌姬越（古时的奈良坂）往南有一条纵贯大和平原的大道，这就是我在上一章中介绍的藤原京的东侧的界线，由于其位于中道以西，所以被称为下道。据说这条下道和难波至飞鸟的大道都是推古天皇在位时圣德太子所建。下道的东边为中道，中道的东边为上道，上、中、下三道基本呈平行状纵贯大和平原。位于最西侧的下道在今天被称为中街道，几乎将大和平原均分为东西两部分。由于下道的特殊位置，在营造平城京时被用作了都城的中间线朱雀大街，东西两侧对应的是左右两京。平城京所在的位置地势高，气候干燥，水往南流，如果在大和平原中选一块土地来建造都城的话，奈良地区就是最合适的选择。另外有一种说法，是天武天皇在位时也曾有过迁都计划，其选择的建都地址就位于奈良附近的郡山町大字新木。综合来看，这一说法的可信度应该还是挺高的。

7.3 平城的都制

平城京的都制和大化改新时的难波京及后来的藤原京基本相同，只是随着时代的发展，比前面两座都城面积扩张了一些而已。朱雀大街将京城分为左右两京，各京被东西走向的多条大街分为九条，每条又被南北走向的大街分为四坊。平城京废弃以后，条坊逐渐变为田地，根据当时保存下来的田籍及西大寺保存的古图和古文献等，按照和铜年间的长度计量单位来算，基本可以确定每坊大约为一里见方。设计平城京时用的长度单位与《大宝令》规定的长度单位完全相同，三百步为一里，当时的一步即大尺的五尺。和铜六年(713)改了长度计量单位，改用小尺来代替之前的大尺，换算下来，《大宝令》中规定的大尺一尺相当于和铜六年（713）后的一尺二寸，所以《大宝令》中的大尺五尺为一步在和铜六年（713）后相当于六尺为一步。《大宝令》规定三百步为一里，三百步即一千五百尺，即一百五十丈，换算成和铜六年（713）后的计量单位则相当于一百八十丈。平城京东西两京各有四坊，这样算来东西总长为八里，南北有九条，总长为九里，可以看出当时的平城京应该是一座东西八里、南北九里的大都城。另外，位于中央的朱雀大街要比其他的南北大道宽得多，严格来说，平城京的东西长度要比八里还要多一些。

平城京的条坊制也成为后来平安京的基准，在研究都城制度方面具有非常重要的意义，尽管其比较烦琐，但我还是会在后文中再对其进行详细阐述。

7.4　平城京的沿革

在平城迁都推动者的努力下，平城京没有重蹈失败的覆辙，最终成为一座辉煌的都城。有歌人曾为平城京作歌“青丹奈良都，花开满京华，香气飘四野，殷赈如繁花”，可以看出当时的平城京应该是一座非常繁华的都城。随着平城京的建设，藤原不比等的势力也变得越来越强，他与橘三千代所生的女儿安宿成为圣武天皇的夫人。如果从其姐姐宫子的关系来算的话，圣武天皇是安宿的外甥，但即便是这样的差辈关系，安宿依然被确立为是圣武天皇的夫人。按照《大宝令》的规定，依藤原不比等的身份，因其女儿被册封为夫人已经是最高等级，但当时藤原不比等的势力实在是太强大了，已经不满足于女儿仅仅被册封为夫人，于是打破惯例，直接要求圣武天皇将安宿册封为皇后。这就是历史上有名的光明皇后。

在册封皇后的过程中，肯定有各种政治上的角逐，但藤原不比等的势力足以压制住各种反对的声音，最终让自己的女儿戴上了皇后的桂冠。《大宝令》仅规定妃子必须是内亲王的女儿才行，至于皇后的身份则没有任何的限定，这就为权势家族提供了可乘之机。后来历史上的丰臣秀吉因为不是源氏家族，所以不能被任命为征夷大将军，但他越过了这一职级，直接被任命为更高等级的太政大臣关白。这一历史事件和安宿直接被册封为皇后非常相似。对于此事，圣武天皇心中肯定也是郁闷不堪，但迫于藤原不比等的势力，他不得不为之。圣武天皇专门就此事下诏辩解，写道："册封臣子之女为皇后并非始于本朝，历史上葛城袭津彦也为臣子，但仁德天皇依然册封他的女儿磐之媛为皇后。"但是，葛城袭津彦是武内宿祢的儿子，是孝元天皇的第四代孙，严格来说葛城袭津彦依然属于皇族，将其视作普通的大臣并不合适，所以用仁德天皇册封葛城袭津彦的女儿磐之媛的例子来解释册封藤原不比等的女儿安宿为皇后也是不恰当的。我相信圣武天皇并非不知道这件事不合礼制，但即便他知道也没办法，可见当时藤原不比等的势力是多么强大了。

另外，藤原不比等的长子藤原武智麻吕被任命为右大臣，其他三个儿子藤原房前、藤原宇合和藤原麻吕被任命为参议，可以说当时的整个内阁几乎被藤原一族所占据。如果这一态势能够毫无障碍地持续下去的话，那藤原家族无须等到后来的藤原良房和藤原道长，早在奈良朝就可以实现藤原家族的专权了。但是，人算不如天算，天平九年（737）爆发的一场疱疮瘟疫导致藤原不比等的四个儿子在同一年全部病逝。藤原家族遭受到巨大的挫折，其势力也陷入低谷。

就在这时，橘诸兄代替藤原家族掌握了朝廷的大权。橘诸兄原名葛城王，其父为美努王，母亲为橘三千代，与光明皇后是同母异父的兄妹。藤原家族陷入低谷后，在光明皇后的推荐下，橘诸兄取代藤原家族，成为内阁的主宰，但当时藤原家族并不愿接受这一结果，最终导致天平十二年（740）太宰少贰[2]藤原广嗣起兵谋反。而橘诸兄也正好利用这一机会，促成了圣武天皇迁都恭仁京。关于恭仁京的情况我在后文中还会予以详述。总之在迁都恭仁京后，平城京就暂时成为了一座旧都。在《万叶集》中收录了当时歌人所作的一些和歌。

《伤惜宁乐京[3]荒墟作歌三首》

荒墟披红叶，内心悲难平。
昔日宁乐京，宫阙迹难寻。
繁华已逝去，荒墟草木深。
睹此荒凉景，始知世无常。
年老近垂暮，宁乐都荒凉。
若能青春返，可见旧繁华。

《悲宁乐故乡作歌一首并短歌》

八隅我大君，统治日本国。
神代自皇祖，治理长不息。
子孙相继生，治国天下平。
千秋万万世，定都平城京。
春来春日山，御笠野花开。

2. 译者注：太宰府负责九州的防务和外交等，由亲王担任名誉性的帅，大贰是实质性的长官，少贰相当于二把手。

3. 译者注：宁乐京即平城京。

樱花树林中，隐居呼子鸟。

夜来不断鸣，呼子直达晓。

秋来霜露降，但看射驹山。

烽火冈头上，萩枝有衰颜。

牡鹿呼其妻，鸣声响山间。

有山欲见山，有里愿住里。

乡里连千百，蔓延到边鄙。

天地无穷尽，邦家万代荣。

大官公卿辈，恃此奈良京。

无如世事新，吾皇有变更。

春花容易谢，林鸟朝夕鸣。

赫赫大官人，曾在此路行。

人马今罕见，荒凉遍旧京。

反歌

奈良京师地，迁走成旧都。

道曾车马驰，今却人罕至。

住惯奈良都，而今变荒芜。

出门望此景，叹息每踟蹰。[4]

但是，橘诸兄的势力在恭仁京并没有持续很久，天平十六年

4. 译者注：引自湖南人民出版社出版的《诗苑译林——万叶集》，杨烈翻译。

（744），都城从恭仁迁至难波。在前文难波京的章节中，我曾介绍过此次迁都难波仅是一次暂时性的迁都，很快圣武天皇又将都城迁往近江的信乐京，后来又迁回平城京，奈良再一次成为都城。天平宝字年间（757—764），淳仁天皇为了改造平城京的宫殿，带着孝谦太上天皇暂时搬到近江的保良宫。由于近江位于奈良的北边，所以将保良宫称为北京，将平城京称为南京。保良宫仅是一座暂时性的居所，淳仁天皇很快就将都城迁回了平城京。淳仁天皇设有北京和南京两京，这也正好符合了天武天皇在诏书中所写的“都城宫室不得一处，必造两参”的规定。在道镜事件发生后，孝谦太上天皇与淳仁天皇之间产生了罅隙，两人急忙赶回平城京，保良宫也因此陷入荒废状态。今天近江石山寺的西南有一处叫小字保良前的地方，在过去这里被称为保良庄，据说这里就是保良宫的旧址。在这一地区出土了很多础石，至于究竟是保良宫的，还是其他曾在此处的寺院的，现在已经无法说清。不过，这些础石很有可能就是当年保良宫的遗物。

光仁天皇在位时，平城京没有发生什么变化。光仁天皇接手了前代天皇积下的弊政，即位初期行政和财政紊乱不堪，他励精图治，下了很大力气来整理朝政。桓武天皇即位后，继续施行光仁天皇的政策，在整理朝政上也是下了很大力气，并采取了财政紧缩政策。在桓武天皇之前，朝廷一直设有造宫省，和其他八省并列，主要负责工程的营造和修缮等。但是在延历元年（782），桓武天皇以“今之宫殿尚可居住”为由将造宫省裁撤了。可以看出在延历元年，桓武天皇对平城京还是比较满意的。但奇怪的是，仅在一年后，桓武天皇突然发布了迁都长冈京的诏书，平城京在旦夕之间迎来了自己被废弃的命运。突然迁都长冈京肯定有其深层次的原因，在后文中我还会对此予以详细介绍。

迁都长冈的诏书发布以后，政府在长冈建设了一系列的工程，虽然桓武天皇在后来迁到了长冈，但是并没有在长冈待太久。延历十三年（794），桓武天皇又将都城从长冈迁到了平安京。当时平城京依然存在，由于平安京位于平城京的北方，所以平安京被称为北都，而平城京则被称为南都。此种叫法与后来的京都与东京有些类似，东京原称江户，由于其位于京都的东方，所以在天皇迁往江户后就更名为东京了。大同五年（810）平城上皇在南都密谋复辟，想把嵯峨天皇赶下台，自己再登天皇宝座，但由于保密不慎，篡位的消息传到了嵯峨天皇的耳朵里，嵯峨天皇震怒，平城京从此也迎来了自己被彻底废弃的命运。平城上皇听信了尚侍[5]藤原药子和其兄藤原仲成的劝说，打算在平城复都。初时，嵯峨天皇也同意了平城上皇的这一计划，并制定了平城复都的方案，任命坂上田村麻吕和藤原冬嗣等为造宫官，开始在平城建造新的

5. 译者注：日本平安时代后宫中最高的的女官，职位相当于天皇的秘书长，主要管理内侍司各事务，掌管神器、后宫事务奏请和赏罚、后宫女官及官员夫人的管理，天皇敕令的传达等任务。原定品级是从五位，后因平城天皇宠爱其尚侍药子，将其升至三位，故此后尚侍品阶就定为三位。

宫殿。今天唐招提寺内的讲堂就是当年在平城宫内新建的朝集殿。但是，后来嵯峨天皇发现平城上皇之所以想复都平城，其实是因为听信了藤原仲成的谗言，想在平城重祚。嵯峨天皇立刻停止了复都平城的计划，将平城上皇软禁在奈良，自此之后平城上皇就再也没有踏入平安京半步，并最终在奈良去世。平城上皇去世后，所居住的宫殿被赐给了不退寺和超升寺，平城京至此彻底退出历史舞台。随着时间的流逝，昔日繁华的平城京逐渐演变成一块块田园，并一直保持至今。不过，在平城京被废弃后，很多有影响力的寺院却被保留了下来，其中最有势力的要数东大寺、兴福寺和元兴寺等，在这些大寺院的周边逐渐形成了繁华的街市，最终在旧的平城京的东郭外形成了我们今天所见到的奈良市的雏形。

平城京的北郭外有一座名为“杨梅宫”的别宫。惠美押胜的宅邸位于杨梅宫南侧，兵备森严，站在宅邸内的高楼上能够望见内里的情形，后来惠美押胜渐渐就起了不臣之心。可以看出，惠美押胜的宅邸应该是位于杨梅宫和内里之间。宝龟三年（772），光仁天皇曾在杨梅宫内设斋饭招待一百僧人，不过之后关于此宫的记载就很少见了。平城宫被废弃后，嵯峨天皇曾赐给高丘亲王一座宫殿，后来成为超升寺。嵯峨天皇赐的这座宫殿可能就是杨梅宫。

8

平城京的条坊

8.1 平城京条坊的设计基准

迁都长冈以后，平城京渐趋荒废。此后历经七十余年的风雨，到贞观六年（864）时，整个平城京已经彻底变为一片田圃。但是旧时城内的规划在田圃中依然保留着其痕迹，道路的痕迹也依稀可辨。不仅如此，旧时京城内的条坊直接被用作了田地的分割，这就与京城外原先根据条里来设计的田地分割在面积上出现了明显的不同。如果仔细调查当时的田籍的话，我们就可以据此探明当时平城京内条坊的形制。

前文已述，平城京分为左右两京，每京九条，每条四坊。根据当时的长度计量单位，每坊是一里见方，即每条边的长度为一百八十丈。坊与坊之间有大路相隔，而且每坊内纵横各有三条小路将每坊分成十六坪。京外的土地以六町间隔纵横分割，六町相当于二百一十六丈，纵向的六町间隔的一列被称为条，六町见方的一区划被称为里，每里又以一町见方为标准，分成了三十六坪。可以看出，京内各坪的面积要比京外各坪的面积大一些。西大寺保存下的古文献及其他的田图也很好地印证了这一点。京内各坪的长为四十丈，每坊长为一百八十丈，去掉四坪的总长度一百六十丈，还剩下二十丈，这就是一条大路与三条小路的宽度。大小道路的具体宽度虽然没有明确记录，但是根据西大寺保存的地图和古文献，大路的宽度应该是小路宽度的两倍，各坪的宽度大约为大路的五倍，小路的十倍，这样算来，大路宽度应该为八丈，而小路宽度应该为四丈。东西八里、南北九里的平城京，如果按京外条里制一町为二百六十丈的算法来算，整个平城京东西大约为四十町，南北大约为四十五町。平城京的北部有大锅和小锅两大古坟，其最北端一直到达水上池的南堤；最南端一直到达郡山町的北端；最西端抵达西部的山地；最东端可以到达大安寺村的东部。平城京的朱雀大街是建在原有的下道[1]上，在今天的大致位置是从山城开始，经歌姬越，经平城天皇陵的西侧，一直到达奈良盆地的南部。皇宫位于朱雀大街北端，即今天平城天皇陵西南的位置。当时的大极殿及八省院的各建筑物的遗迹依然散落在田圃间，通过这些遗迹，我们能够清晰地判断出当时皇宫内各建筑物的规划布局。

平城京的西部已经延伸到一片山地之中，无论是建造住宅还是交通都非常不便，之所以出现这种结果，主要是因为当时规划平城京时先是确定了朱雀大街的位置，之后严格按照东西对称、每坊一里见方的规则去进行布局，结果到最后东部平原地区还剩下了很多土地，而西部平原地区则全用完了，没办法就只能再往西部的山地中延伸了。如果当时平城京的位置能整体向东挪五町的话，那整个京城都可以设计在平原内，完全可以避免西部山区

1. 译者注：下道为古代贯穿奈良盆地南北的三道之一，从橿原市八木开始向北直达奈良市法华寺町，然后经歌姬越抵达山城。

带来的不便。另外，即便是选择用下道来作为朱雀大街，如果将京城的东西压扁一些，南北拉长一些，整体设计成长方形的话，也可以避免西部山区带来的不便。但遗憾的是，自大化改新确立都城之制后，都城的规划就被每条分为四坊、每坊一里见方的规制给严格束缚住了，这也就导致了平城京整体偏西情况的发生。

平城迁都以后，飞鸟旧京的各大寺院也都陆续迁往平城京。其中迁往京内的有药师寺、大安寺和元兴寺等；迁往京外东部平原地区的有兴福寺、葛城寺和纪寺等。元兴寺的情况比较特殊，先是迁到了京内，后来又从京内迁到了京外东部平原地区。另外，平城迁都后新建的东大寺占据了春日山麓的大片地区，据此也可以看出京外东部地区剩下了大片的土地资源。后来，京内又新建了法华寺、唐招提寺、西大寺和喜多寺等寺院。总的来说，位于京内的唐招提寺和药师寺等与位于京东地区的东大寺、兴福寺和元兴寺等相比，规模要小得多。随着时间的流逝，在京东各大寺的周边逐渐形成繁华的街市，这也就使得京城范围向东延伸了很多，后来政府在左京京外新设了十二坊，将其置于左京职的管理之下。今天的奈良市依然保存着这新十二坊的东半部分。此外，西大寺位于京内的西北角，其北部是秋篠乡的平原，受西大寺的影响，其北部平原也逐渐形成繁华的街市，所以当时的平城京又向西大寺的北侧扩展了半坊的面积。通过我在卷首所插入的平城京的地图，可以清晰地看到我上文中所述的内容。

接下来介绍一下平城京条坊的规划、各条内坪的规划和各坊的长宽等。

条的排序是从北往南按数字由小到大排序，从一条开始到九条结束。坊的排序是从挨近朱雀大街的坊开始，往东西两端按数字由小到大排序，从一坊开始到四坊结束。坪的排序是从挨近宫城的坪开始，向南按数字由小到大排序，从一坪到四坪，然后折回来从南向北排序，从五坪到八坪，依此类推，一直到十六坪为止。这样一来，在平城京内就形成了用何条何坊何坪来标示地点的机制。

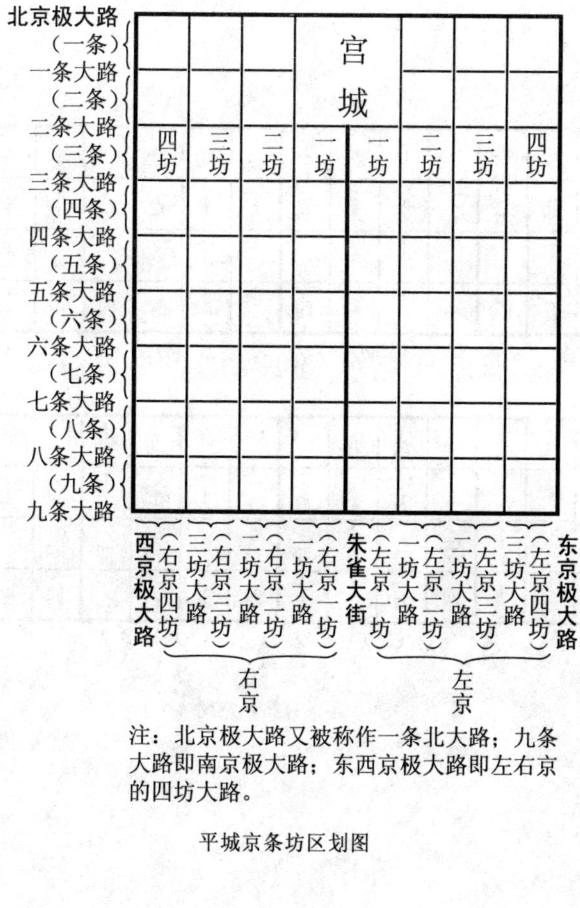

注：北京极大路又被称作一条北大路；九条大路即南京极大路；东西京极大路即左右京的四坊大路。

平城京条坊区划图

（左京）

十六	九	八	一	十六	九	八	一	十六	九	八	一	十六	九	八	一
十五	十	七	二	十五	十	七	二	十五	十	七	二	十五	十	七	二
十四	十一	六	三	十四	十一	六	三	十四	十一	六	三	十四	十一	六	三
十三	十二	五	四	十三	十二	五	四	十三	十二	五	四	十三	十二	五	四

西京极　（四坊）　三坊大路　（三坊）　二坊大路　（二坊）　一坊大路　（一坊）　朱雀大街

（右京）

一	八	九	十六	一	八	九	十六	一	八	九	十六	一	八	九	十六
二	七	十	十五	二	七	十	十五	二	七	十	十五	二	七	十	十五
三	六	十一	十四	三	六	十一	十四	三	六	十一	十四	三	六	十一	十四
四	五	十二	十三	四	五	十二	十三	四	五	十二	十三	四	五	十二	十三

朱雀大街　（一坊）　一坊大路　（二坊）　二坊大路　（三坊）　三坊大路　（四坊）　东京极

各条分布示意图

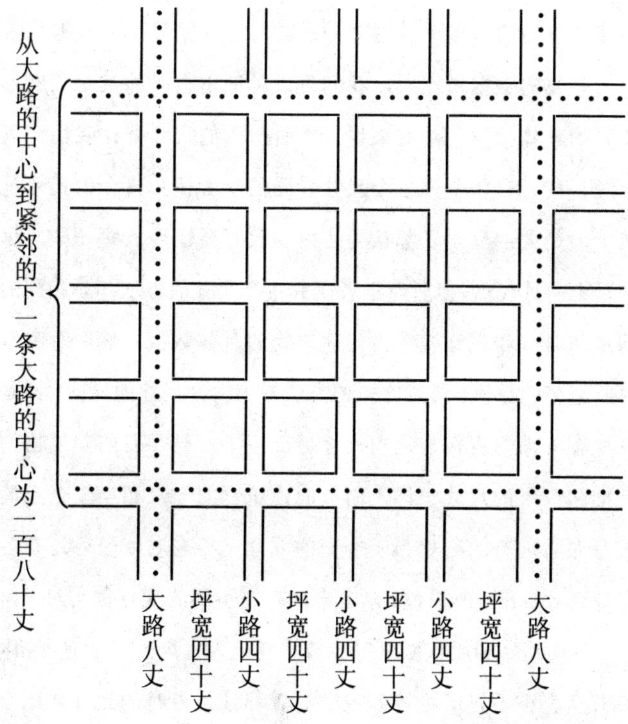
从大路的中心到紧邻的下一条大路的中心为一百八十丈
大路八丈
坪宽四十丈
小路四丈
坪宽四十丈
小路四丈
坪宽四十丈
小路四丈
坪宽四十丈
大路八丈

各坊的长宽图

8.2 古今尺寸的异同研究

通过对平城京遗迹的测量，我们可以准确地得知当时京城的面积和各条坊的长宽等。另外，通过将当今测算出的数据与古文献中所记载的数据做比较，我们可以考证出古时的某个长度单位在今天的具体数值。总的来说，古时所用的尺寸要比我们今天的尺寸短一些。有些研究古今尺寸异同的学者认为古今的尺寸是相同的，但是大部分学者都认为古时的尺寸要比今天短一些。尽管存在以上两种观点，但所有学者研究古今尺寸的方法却是相同的，即测量法隆寺和正仓院等古代建筑物的具体数值，然后对照古文献中所记载的数值，通过比较的方法得出古今尺寸的异同。但是，现在保存下来的古代建筑的尺寸标准也不一样，有的建筑物的尺寸标准和今天的尺寸一样，而有的建筑物的一尺相当于今天的九寸八分左右，有的则相当于今天的九寸七分左右，另外还有各种各样的尺寸标准。所以说，学者之间存在不同的观点也实属正常。其中，平田笃胤和屋代弘贤等少数学者认为古今的尺寸完全相同；狩谷掖斋、小中村清矩等大多数学者都认为古时的尺寸要比今天短一些。但是在后一种学者中，对于“短”的程度究竟有多少，观点也不尽相同。有的学者认为古时的一寸相当于今天的九寸八分七厘，有的学者认为古时的一寸相当于今天的九寸八分，还有的学者认为要比九寸八分更短一些。近来，关野博士采用了九寸八分之说，并将其用在了当代的建筑物及平城京址的复原上。现存的古尺也大都如此，并不存在一个统一的标准，虽然古时候肯定是用作政府的标准器，但是在实际中使用得并不是那么严格。所以说，我们在研究古时的尺寸的时候，并不能将古尺当作当时的标准器来进行衡量。

前文已述，平城京各坊的长宽均为一百八十丈，这样算来从北往南共九条的总长度应该为一千六百二十丈。京城东部边界外就是京东地区，在南北同样长度的前提下，京东地区的条数不是九条，而是仅有七条二町左右。根据京外的条里制，一条为六町见方，一町为三十六丈见方，所以一条大约为二百一十六丈，七条二町换算下来大约有一千五百八十四丈，按照当时紧挨着的两条大路的中心线之间的距离为一百八十丈的规矩，我们再减去最南端大路的一半宽度四丈，剩下的大约为一千五百八十丈。按照上文所述，京内京外的丈数显然不同，但他们的实际长度却是相同的。这只能有一种原因，那就是京内和京外所用的尺的具体长度其实并不相同。

也许有人会说，古时的测量并不是那么精准，在一千数百丈的长度上出现三四十丈的误差也是合乎常理的。如果我们今天去测量平城京的遗迹，和文献记载相比出现三四十丈的误差，那确实也算正常，但重点是当时的京内与京外就隔着一条东部边界线，而且两者南北都是对齐的，在这样的情况下如果还出现这么大的误差，那肯定有其深层次的原因。而且这种情况并不单是发生在平城京，平安京亦是如此。根据实际测量结果，平安京内所用的尺寸长度与平城京内基本相同，而平安京外所用的尺寸长度又和平城京外基本相同。通过对平城京条坊遗址的测量，我们会发现京内的一町相当于京外的一町二反[2]一百二十四步，即京内的一町要比乡间的一町多出二反一百二十四步。今天乡下的一町为三千步，而古时候一町为三千六百步，三十六丈见方，这样换算下来京内的一町应该为四十丈见方。其实，京内与乡下在单位土地面积上的差别仅是后世的说法，在尺度之制上还存在京间与乡间的区别。京间以六尺五寸为一步，也即一间，乡间以六尺为一步，也即一间。俗称的京间为六尺三寸其实是指在京内两间共一丈三寸的基础上减去相邻墙壁共用的四寸，剩下的再除以二，所以就产生了每间为六尺三寸的说法。这种情况仅限于京内的建筑物中，在测算田间的土地时依然使用六尺五寸为一间的标准。这种京间六尺五寸、乡间六尺的区别其实是由于京内一町与境外一町的面积不同所造成。黑川春村先生在《随笔硕鼠漫笔》中对“洛阳地法”这一古文献评价说“洛阳地法为中国之地法，日本之地法有京定与乡定之别”。京定是指一町四十丈见方，而乡定是一町三十六丈见方。一町长度的六十分之一即一间的长度，这样算来四十丈

2. 译者注：“反”为日本古时的土地面积单位，一反为300步，约991.7平方米。在太阁检地以前为360步。

的六十分之一就是六又三分之二尺。假设我们用同样的尺度去测量京内的条坊与京外的条里的话，那乡间六尺所对应的就是京间六又三分之二尺。然而在现实中都是使用六尺五寸，这又是为何呢？其实是由于京间与乡间所用的尺度不同所造成的，通过以下公式我们大致可以弄清楚。

$$6\frac{2}{3}:6.5=1:x \quad x=0.975$$

可以看出，京内条坊所用的尺度要比京外条里所用的尺度短。京内所用的一尺相当于九寸七分五厘。前文已述，平城京东部界线的南北长度为一千六百二十丈，如果将此数字乘以 0.975，那得出的结果为一千五百七十九丈五尺，这和东部界线以东的南北长度一千五百八十丈基本一致。京外条里实测图上的尺寸与现在的曲尺的尺寸是一样的，如果我们将今天曲尺的尺寸乘以 0.975 然后再去绘制平城京城内的地图的话，会发现新绘的地图与当时条坊的情况完全一致。

现在所用的曲尺是享保年间八代将军德川吉宗以纪伊熊野的神库中所藏的古尺为标准所制作，严格来说曲尺其实也是一种古尺。大和的法隆寺和岩代的惠日寺所藏的古尺和曲尺尺寸也完全相同。这也正是为什么屋代弘贤和平田笃胤等坚持认为曲尺和古代的尺度是一样的原因。但是，除此之外，很多尺寸比曲尺短的古尺也被保存了下来。但是实际上，在当时和曲尺相同尺寸的古尺和比曲尺尺寸要短的古尺是并行于世的。虽然记录上存在大尺和小尺之别，但是曲尺所对应的是何种尺子并没有明确的记载。有人认为曲尺应该是一种制度外的尺子，而且仅限在乡间测量条里时为了方便而采用的一种格外长的尺子，其实在京内测量条坊或建造建筑物时用的还是短尺。

近来，陆地测量部陆续发布了一些实测图，根据这些地图，我们可以清晰地看到乡间的条里就是按照今天曲尺的尺寸设计的。大和、美浓和越前等地大致完整地保存着当时条里的形制，其所用的尺寸和今天的曲尺完全一致。如果是短距离的比较，结果可能还比较可疑，但是像大和平原约二百町，在如此长的距离上几乎都不产生误差，那结果肯定是可信的了。但这里又有一个问题，在相同时代测量同一块土地，却要用长短两种尺子，这其中又有何缘由呢？《大宝令》规定测量土地要用大尺，其中五尺为一步。而且大尺也有两种。当时测量田地时，为了弥补田间水沟或道路所占的面积，通常会在所需面积的基础上再增加出一点，一般来说一町会增加九尺，换算成步的话，大约每六十步要增加一步半，这样一来，一尺就会多出二分五厘左右。所以说，当时在测量乡间条里时，每一尺其实是相当于真实情况下的一尺二分五厘。现在我们所用的曲尺其实就是当时的大尺，是专门为了测量田地时去除沟渠道路所占的面积而特意设计的。当时的大尺有幸被法隆寺、惠日寺和熊野神库等保存下来，后来吉宗将军以熊野神库保存的大尺为标准制定了享保尺，并一直沿用至今。

丰臣秀吉曾复原平安京的市区，当时用的尺度是四十丈为一町。当时丈量土地用的也都是这一标准，也就是所谓的京间六尺五寸。严格说来，真实情况要比六尺五寸多一些，大约每间为六又三分之二寸，后来在采用享保尺后才变成了六尺五寸。德川时代使用的是六尺为一间的标准。丰臣秀吉时代建造的伏见的市街使用的六尺五寸为一间的标准，而德川时代建造的街市采用的都是乡间，即六尺为一间的标准。江户的市街在天正十八年（1590）刚建成时的老城区使用的是京间标准，而庆长霸府开设以后的新城区采用的是乡间标准。

另外，法隆寺和惠日寺还保存着另外一种古尺，全长九寸八分左右，在中间部位还专门设计了一个切痕，标注五寸，和曲尺五寸的长度基本相同。我个人觉得，全场九寸八分左右，这应该是当时一尺的正常长度，而专门又刻出了五寸点，这应该是为了和测量条里用的尺度一致而专门刻的。平田笃胤等人只注意到了五寸这一刻度，而忽略了全长约九寸八分这一事实，把五寸以外的部分当作废材全然不顾，所以得出了此种古尺和曲尺尺寸完全一样这一错误的结论。而反对平田笃胤观点的人，则只注意到了古尺九寸八分左右为一尺的事实，而忽略了中间的五寸刻度，所以错误地认为此种古尺和曲尺完全不同。以上两种人都只注意到了对自己观点有利的部分，全然没有采取正确的研究方法，得出的结果自然也都是错误的。但是，九寸八分并不是一个精准的数字，从理论上来讲，京间和乡间的换算应该为九寸七分五厘才对。平城京东侧界线内外在尺度上的差别很好地印证了这一点。对当时尺度的了解有助于我们进一步研究当时的都城之制及进行其他方面的研究。

8.3 平城京内的道路与条坊的名称

据西大寺保存下来的古文献记载，平城京内的大路宽度均为八丈，和平安京的大路不一样，不存在有的大路宽，有的大路窄的问题。大路两侧遍植柳树。天平胜宝二年（750），大伴家持曾作《折柳思京师歌》，其中写道："春日路边柳，伸手折枝来，思昔日京都，路边柳成排。"据此可以看出，当时平城京的大路两侧应该是成排的柳树。在平城京内，东西走向的规划被称为条，南北走向的规划被称为坊，然后以数字从小到大排序，被称作一条、二条，一坊、二坊等。不过，有些大路除了用数字表示外，也有其独特的名称，如左京一条南路又被称作佐保路；右京二坊大路又被称作佐贵路。另外，平安京中的右京二坊大路被称为道祖大路或幸大路，这可能都是从平城京的佐贵路沿用过来的[3]。

平城京内小路的宽度均为四丈，和平安京内的小路也不相同，不存在有的小路宽、有的小路窄的问题。其中，二条大路南侧的小路被称为押小路。海住山寺保存的古文献中清楚地记载了兴福寺北押小路这一路名。另外，平安京中的二条大路南侧的小路也被称为押小路。可以看出，当时平城京内的大小道路应该都有其

3. 译者注：在日语中，"道祖"和"幸"的发音都为"sai"，和"佐贵"的发音"saki"有些类似，所以作者猜测平安京的道祖大路或幸大路的名称应该是来源于平城京的佐贵路。

独特的名称，并且很多道路的名称后来直接就被平安京所沿用。

平城京内的各坊也都有自己的名称，现在已知的其中一坊名为松井坊，但遗憾的是所在的具体位置已经无从考证了。平安京内还有松井小路这一路名，可能和松井坊也有着某种关系。

8.4 宫城

平城京的宫城位于二条以北，左右各占东西两京一坊之地，共计四坊，总面积约为三百六十丈见方。宫城四周有城墙，开有十二座宫门。其中，壬生门在平安宫时变成了美福门，的门变成了郁芳门，平安宫的其他宫门继续沿用平城宫的宫门名称。在后文长冈京一章中，我还会对此予以介绍。

宫城内的殿堂有朝堂、大极殿、朝集殿、内里、正殿等，平安宫内的殿堂在平城宫内也基本都有。幸运的是，在今天的田圃间还保留着平城宫的遗址，虽然已经变为长满荒草的土坛，但却准确地记载着过去宫殿的位置和规模。而平安宫则没这样幸运，历经数次战乱，尤其是丰臣秀吉在修建自己的聚乐第时大量从原有的宫殿取材，导致整个平安宫荡然无存。但可以确定的是，平安宫内的殿堂应该和平城宫差不多。现在平城宫的内里遗址上还保存着过去的痕迹，并且还留下了小字大内这一地名。可以想象得到，当时平城宫的内里应该和平安宫的内里一样，都有着各种各样的宫殿。但是两者的不同在于，平安宫内太极殿以下的朝堂位于朱雀门的正面，紫宸殿和清凉殿以下的内里偏居在宫内的东北端，而平城宫的内里位于朱雀门的正面，朝堂偏居于宫内的东北端。从朝堂和内里所在的位置，我们可以清晰地判断出在各自的时代背景下，政治与帝室生活孰轻孰重。

总之，平城京的条坊和宫城之制是后来的长冈京和平安京的样板，在后文的相关章节中，我还会予以介绍。最后以几首和歌结束本章。

《万叶集》	青丹奈良都，花开满京华。 香气飘四野，殷赈如繁花。	小野老
《万叶集》	荒墟披红叶，内心悲难平。 昔日奈良都，繁华已不再。	作者不详
《万叶集》	秋到春日山，满山遍红叶。 昔日奈良都，荒废令人惜。	大原真人
《万叶集》	淡雪轻洒落，奈良披银装。 繁华已不在，令人心生伤。	大伴旅人
《万叶集》	青丹奈良都，梅花瓣如雨。 古都空寂寥，偶见旅人途。	作者不详
《古今和歌集》	奈良我古都，今已成古乡。 风景未曾变，繁花依旧开。	平城上皇
《词花集》	奈良我古都，昔日樱重瓣。 今日瓣更多，花香依旧浓。	伊势大辅
《玉叶集》	奈良古都内，樱花始盛开。 举目环顾去，犹如白云来。	大江匡房

9

恭仁京

（附吉野离宫、茅渟离宫、由义宫）

9.1 恭仁京的地理

恭仁位于山城国相乐郡瓶原村，与加茂村隔木津川相望。古时候恭仁和加茂村合称为冈田。历史记载中曾出现冈田驿和冈田钢山等地名。木津川从东向西穿冈田而过，将冈田分为南北两部分，北边是恭仁，南边是加茂村。另外，《延喜式》中冈田鸭神社和冈田国神社都是成对出现。冈田地区的风景优美，很早就已经被选作建造离宫之所。和铜元年（708），元明天皇曾行幸冈田离宫，并且赐物给加茂和恭仁的百姓。

恭仁又被称为水泉乡。木津川在恭仁又被称为泉川。古时的瓮原是水泉与加茂两乡的统称。和歌“清清泉川水，穿瓮原而过，友人顺流去，心悲不舍离”咏诵的就是此地的情景。今天的瓶原和瓮原虽然在日语中发音相同，但面积已经小了很多，而且仅限于木津川的北部地区，南部地区已经不属于其范围。据史料记载，奈良朝初期的瓮原离宫位于木津川以南，相当于今天加茂村大字法华寺野附近。恭仁大宫位于瓮原离宫以北，与木津川隔河相望。恭仁京的范围更广一些，位于古时的水泉、加茂、相乐和大狛地区，即今天的瓶原、加茂二村和木津町、上狛村地区。

9.2 迁都恭仁的经过

迁都恭仁京是在橘诸兄的主持下，在极其仓促的时间内完成的。前文已述，迁都平城京后，藤原氏的势力越发强大。天平年间，藤原不比等的长子藤原武智麻吕出任右大臣，另外三个儿子藤原房前、藤原宇合和藤原麻吕同时出任参议，一家有四人位列公卿之列。在当时的内阁中，除藤原不比等的四个儿子外，剩下的中纳言多治比县守和参议铃鹿王、大伴道足三人都年事已高，唯有参议橘诸兄还算年轻力壮。天平九年（737）的一场疱疹瘟疫夺走了藤原不比等四个儿子的生命，剩下的参议橘诸兄跨过中纳言，直接被提拔为大纳言，在大纳言位子上仅坐了四个月，接着又被提拔为右大臣，其升迁速度之快，在日本历史上绝无仅有。在很短的时间内，橘诸兄就完全替代了藤原氏在朝廷中的地位。

橘诸兄原名葛城王，是敏达天皇的曾孙、筑紫帅栗隈王之孙。橘诸兄的父亲为美努王，官位并不高，仅是从四位下治部卿兼摄津职大夫。橘诸兄的母亲为橘三千代，后来嫁给了藤原不比等，生下光明皇后。橘三千代当时的身份虽为宫中的内命妇，但是势力非常大。天平五年（733），橘三千代去世后，天皇赐其从一位官阶，并允许其家人继续享用其从一位官阶的待遇。天平八年（736），葛城王与其弟佐为王共同上奏圣武天皇，请求随母姓橘宿祢。从这份上奏文中，我们可以清晰地看到橘三千代的人生经历及橘姓的由来。上奏文中写道："葛城亲母，赠从一位县犬养橘宿祢，上历净御原朝廷（天武天皇），下逮藤原大宫（持统、文武天皇），事君致命，移孝为忠，夙夜忘劳，累代竭力。和铜元年（708）十一月廿一日，供奉举国大尝。廿五日，御宴，天皇誉忠诚之至，赐浮杯之橘。敕曰：'橘者，果子之长上，人之所好。柯凌霜雪而繁茂，叶经寒暑而不彫。与珠玉共竞光，交金银以逾美。是以，汝姓者，赐橘宿祢也。'而今无继嗣者，恐失明诏。伏惟，皇帝陛下，光宅天下，充塞八埏，化被海路之所通，德盖陆道之所极。方船之贡，府无空时，河图之灵，史不绝记。四民安业，万姓讴衢。臣葛城，幸蒙遭时之恩，滥接九卿之末。进以可否，志在尽忠。身隆绛阙，妻子康家。夫王赐姓定氏，由来远矣。是以，臣葛城等，愿赐橘宿祢之姓，戴先帝之厚命，流橘氏之殊名，万岁无穷，千叶相传。"

圣武天皇同意了葛城王和佐为王的请求，下诏说："省从三位葛城王等表，具知意趣。王等情深谦让，志在显亲。辞皇族之高名，请外家之橘姓。寻思所执，诚得时宜。一依来乞，赐橘宿祢。千秋万岁，相继无穷。"

藤原氏原本是近江朝廷的人，后来在净见原朝廷上台后，藤原氏的势力不仅没有减弱，反而变得更加强大，这固然是得益于其祖先藤原镰足的功勋及藤原不比等的政治手腕，不过除此之外，藤原不比等的续弦橘三千代的内助之功也不可或缺。葛城王通过其母亲橘三千代与势力隆盛的藤原氏形成了密切的关系，而且与光明皇后是同母异父的兄妹关系，这都为其后来登上权力顶峰创造了条件。葛城王请求袭用母亲的橘姓，并且更名为橘诸兄，这事从表面上看来是葛城王自愿辞掉皇族之尊、甘愿降为臣籍的谦让之举，但内里是葛城王想借用母亲之姓，继承母亲的财产，加深与藤原氏的联系，借此实现财富与权力的双丰收。当然了，以上仅是我的猜测，也许橘诸兄真的没有这番野心，不过从最终的结果来看，他确实是实现了财富与权力的双丰收。橘诸兄不仅讨得了光明皇后的欢心，同时也继承了母亲橘三千代的遗勋，赢得了当时统治集团的信任。但是，在藤原氏的一公三卿因一场疱疹全部丧命后，橘诸兄其实并没有立刻在光明皇后的推荐下替代藤原氏登上权力顶峰。当时在朝廷内独掌大权的是藤原武智麻吕的长子藤原丰成，他温厚贤良，深得众望。从中国留学归来的僧人玄昉和吉备真备是橘诸兄的两大顾问，他们计划扶植橘诸兄登上权力顶峰，借以压制藤原氏的势力。先不管这是不是真的，至少藤原氏一方有人对二人的所作所为产生了怀疑。天平十二年（740）九月，藤原宇合的长子太宰少贰藤原广嗣以翦除玄昉和吉备真备为名在太宰府起兵。此次起兵的真正对象其实是橘诸兄，但惮于橘诸兄的势力，只能以翦除玄昉和吉备真备为名。在朝廷军队的打击下，此次起兵很快就被镇压下去，藤原氏的势力也进一步被削弱。藤原广嗣起兵远在九州，所以对平城京并没有造成任何影响。不过，橘诸兄却借此次起兵大做文章，他营造天皇可能会蒙尘的假象，夸大京城发生事变的可能性，借机奏请圣武天皇以巡幸东国的名义暂时出去避一下。按照常理，当时正值农忙时节，天皇本不该外出巡幸，圣武天皇也是考虑到这一点，所以在制定巡幸路线的时候尽量把对农时的影响降到最小，选择了从伊贺出发巡幸伊势和美浓。橘诸兄陪同圣武天皇一同巡幸。藤原丰成留守平城京。迁都恭仁京的计划就是在此次行幸过程中决定的。天平十二年（740）十二月，圣武天皇巡幸到近江，并在此长住。橘诸兄前往恭仁，着手建造新京之事。当然了，建造一座新的京城并不是一蹴而就的，天平十四年（742）春天，圣武天皇自近江前往恭仁京巡视，当时的宫墙尚未完成，所以只好用帷幔围成一圈宫墙，在此举行了迎接新年之礼，接受群臣的朝贺。事后，圣武天皇并没有返回平城京，一直住在恭仁京，所以恭仁京已经成为事实上的都城。迁都恭仁京的计划是在仓促之间制订的，导致宫殿的营造并不是那么称心如意，最终没办法，只好将平城京内的大极殿和步廊拆了，将所有的建材运到恭仁京，重新组装成了恭仁京内的大极殿。天平十四年（743）闰三月十五日，圣武天皇向留守平城京的大野东人、藤原丰成等官员发来诏书，要求自即日起五位以上的官员不能再留守平城京，必须全部前往恭仁京。可以说，此次迁都恭仁京是以迅雷不及掩耳之势在非常短的时间内进行的，与后来平清盛急速迁都福原相比，迁都恭仁京可能更火急一些。

由于迁都恭仁京太仓促，最终导致在经费方面产生了很大的缺口。将平城京的大极殿移建到恭仁京，一是为了救急，二是为了省钱。天平十三年（741）九月七日，朝廷任命造宫卿，翌日即征发畿内役夫五千五百人建造宫殿。此外，朝廷还向各地的富豪下令，要求他们捐款营造新京。山城的富豪秦忌寸岛麻吕捐资修建了宫墙，其官位也由正八位下连升十三阶，一跃成为从四位下，并被赐姓太秦君。天平十四年（742）正月，圣武天皇巡幸恭仁京时，大极殿尚未完工，所以只好临时搭建起一座四阿殿，在此接受百官的朝贺。当时，朝廷想在木津川的支流泽田川上架一座桥，限于役夫不足，工程难以开展，于是就役使畿内及诸国的佛教徒，让他们帮着建桥。在建桥的过程中，总计有七百五十人剃度出家。虽然剃度出家是佛教信仰的结果，但也从另一方面证实了朝廷曾役使佛教徒参与建造恭仁京的事实。

9.3 恭仁废都的经过

在橘诸兄的主持下，迁都恭仁京的计划最终成功。圣武天皇所居的宫殿名为大养德恭仁大宫。但是，橘诸兄的权势并没有维持太久。天平十四年（742）八月，圣武天皇下令在近江国甲贺郡紫香乐村修建离宫。想来圣武天皇应该是听从了行基[1]等僧人的劝说，内心之中萌生了想要建造一尊大佛的夙愿。圣武天皇先是行幸了河内的知识寺，跪拜毗卢遮那佛，并在佛前发下宏愿，一定要建造一尊大佛，后来将造大佛的地点选在了紫香乐这一山间幽静之地。此时，恭仁大宫的建设尚未完成，而紫香乐离宫的建造却已经开始。受当时财政收入的限制，圣武天皇只好下令暂停修建恭仁宫。不过，这时朝廷内又出现了迁都难波的议论。

毫无疑问，迁都难波应该是藤原氏为了削弱橘氏的势力而想出的对策。虽然难波宫在大化改新以后又存续了一段时间，但后来随着旧都的荒废，难波宫也变为一片废墟，甚至一度被称为难波乡下。神龟二年（725），藤原宇合出任知难波宫事后，按照都城的标准对难波进行了整修，使其又恢复了昔日的辉煌。现在朝廷内突然出现了迁都难波的议论，而且难波又与藤原氏有着很深的关系，这对橘氏来说真的是一件非常难受的事。后来橘诸兄的

1. 译者注：行基是从百济到日本的渡来人的子孙，奈良时代的僧人，向道昭、义渊学法，后巡游诸国，架桥、筑堤、教化民众，被尊称为“行基菩萨”。

儿子橘奈良麻吕企图谋叛，在谋反之事暴露后，其很多手下被逮捕，据其中的一名手下佐伯全成供述，橘奈良麻吕的谋叛计划其实早在天平十三年（741）圣武天皇行幸难波宫时就已经萌发了。在当时，橘奈良麻吕对佐伯全成说，当今陛下病重，皇嗣未定，恐会生变。后来，橘奈良麻吕又对佐伯全成说，如果圣武天皇将皇位传给阿倍内亲王，那橘氏一族可能就会面临灭顶之灾，于是橘奈良麻吕率领大伴和佐伯宿祢[2]劝圣武天皇改立黄文王为皇位继承人。据此我们也可以看到当时朝廷内部的斗争情况。迁都恭仁京是在橘氏的主持下进行的，而迁都难波之议则是由反对橘氏势力的藤原氏掀起的。

在难波和恭仁之间究竟该何去何从，圣武天皇也是颇为迷茫，于是就向群臣征求意见。虽然同意留在恭仁京的大臣稍多一些，但整体上来看基本上是一半一半，所以圣武天皇依然是很迷茫，于是又决定问政于市民。恭仁京的市民在当地住习惯了，故土难离，所以大多数人都希望继续留在恭仁，其中希望迁都难波的仅有一人，而希望迁回平城的也仅有一人。据此也可以看出，当时的迁都给普通百姓带来了多么大的痛苦。尽管迁都难波遭到了恭仁百姓的一致反对，尽管过半数大臣不愿意迁都难波，但由于主张迁都难波的人员的势力实在是太强大了，他们力压众议，最终促成

2. 译者注：宿祢，日本飞鸟时代天武天皇八色姓赐姓中第三等，主要赐给如大伴氏和佐伯氏等神别氏族。

了圣武天皇行幸难波的事实。

天平十六年（744）春正月十一日，圣武天皇行幸难波。二月初一，派使前往恭仁京取驿铃和大印，并将诸司和朝集使召集到难波宫。二月二十日，恭仁京的宝座和大楯也被运到难波宫。这样一来，迁都难波已成事实。事已至此，左大臣橘诸兄也毫无办法，最终只能同意圣武天皇颁布诏书，宣告难波为皇都。不过，迁都难波京后，恭仁京也没有被废弃，两座京城同时存在，百姓可以自由往来。

此时，紫香乐的离宫仍在继续建造中。天平十六年（744）三月十四日，恭仁京金光明寺即国分寺的大般若经被搬到紫香乐宫。十一月十三日，毗卢遮那佛大佛的骨架搭建完成，圣武天皇亲临工地现场，为建造大佛拉绳。另外，元正太上天皇也亲自来到大佛建造地视察。当时的皇室是想把紫香乐打造成佛法隆盛的中心，并且有志于把都城也迁到此处。天平十七年（745）春正月，朝廷派人在紫香乐砍伐山林、平整土地、建造宫室，计划迁都于此。紫香乐位于近江甲贺郡云井村黄濑附近，地处山间，并不适于建造都城，所以当时朝野上下反对迁都紫香乐者众多。据史料记载，当时紫香乐附近的山林频繁发生火灾，再加上四五月间地震频发，动摇了圣武天皇迁都紫香乐的决心，他又召集太政官及诸司的官员，向他们征询究竟该将都城迁往何处。这次已经没有任何人回答迁回恭仁京了，大家一致希望迁回平城。很明显，这是橘氏失势的结果，迁都难波仅是藤原氏的权宜之计，其实最终目的还是迁回平城。圣武天皇又在平城药师寺召集药师寺、兴福寺、元兴寺和大安寺的僧人，向他们征询究竟该将都城设于何处。毫无疑问，平城诸大寺的意见肯定是希望迁回平城。这样一来，圣武天皇最终决定废弃紫香乐宫，将都城迁回平城旧都。当天皇的圣驾行至恭仁京泉桥时，百姓从远处望见后就纷纷跑到道路的左侧跪拜，齐呼万岁，这也足以看出当时恭仁京的百姓想迁回平城的期盼之情。据史料记载，当时从恭仁京迁回平城的百姓是昼夜不绝、摩肩接踵。时隔五年之后，平城再度成为都城。

迁回平城京后，紫香乐宫盗贼四起、火灾频发，于是圣武天皇命诸司及各衙门派人取回留在紫香乐的官物，又派使前往难波宫取回平城宫的铃印。至此，恭仁大宫、难波宫和紫香乐宫就彻底被废弃了。天平十八年（746）九月，圣武天皇将恭仁京的大极殿赐给国分寺，今天瓶原村国分寺的遗址据说就是当时大极殿的所在地；将瓮原离宫赐给国分尼寺即法华寺，今天的法华寺郊外据说就是当年瓮原离宫的所在地。在今天的法华寺郊外，经常会出土古瓦的碎片。总之，在橘诸兄失势之后，恭仁京也就彻底被废弃了。

藤原京、平城京和平安京的都制基本相同，都是模仿中国的长安城而建，中间是朱雀大街，两边是左右京。朱雀大街的最北端为朱雀门，大内里位于宫城的北部。然而，恭仁京的都制却不是如此，由于其位于山间，没有那么宽广的土地去进行规划，所以整个都城设计得并不是那么规整。恭仁京的宫城位于今天的瓶原村，都城最初仅有今天恭仁和加茂两乡的土地，虽然后来又向西扩张到今天大狛和相乐两乡，但整体面积依然非常狭小。在恭仁京中，鹿背山的西道将京城分为左右两京，宫城偏居于左京一侧。这一都制和中国洛阳有些相似。吉备真备曾到中国学习，对洛阳的都制非常熟悉，他将洛阳的很多规划直接复制到了恭仁京中。

附一：吉野离宫

应神天皇最早在吉野修建离宫。雄略天皇也是经常行幸吉野的离宫。吉野是一处山水优美之地，很多天皇都会在此修建离宫。大化改新时，古人大兄皇子辞掉皇位继承权，隐居在吉野，后来背负着谋反之名在吉野度过了自己的余生。齐明天皇二年（656），天皇命人修建吉野宫，五年（659），天皇行幸吉野宫。天智天皇末年，大海人皇子也是辞掉了自己的皇位继承权，归隐于吉野宫。大海人皇子即后来的天武天皇，《万叶集》中收录了天武天皇御制的和歌："古代贤人地，今来仔细观，良辰兼美景，吉野吉人看。"[3]

3. 译者注：引自湖南人民出版社出版的《诗苑译林——万叶集》，杨烈翻译。

此首和歌为天武天皇八年（679）五月行幸吉野时所作。据此可以看出，吉野的风景应该是很讨天武天皇喜欢。持统天皇也是多次行幸吉野宫。据史料记载，持统天皇三年（689）正月、八月，四年（690）二月、五月，五年（691）正月、四月等都曾行幸吉野宫。持统天皇行幸吉野宫时，柿本人麻吕随驾。《万叶集》中收录了柿本人麻吕当时所作的两首和歌和两首反歌，据此我们也可以看出当时的情景。

《幸于吉野宫之时，柿本朝臣人麻吕作歌》[4]

其一

大王治天下，诸国竞繁荣。
国土虽广阔，吉野独秀生。
山川尽绮丽，河滨尤梦萦。
花满秋津郡，大王唯独钟。
宫殿立华柱，楚楚众侍从。
晨曦催橹竞，暮色染樯红。
长河流水久，崇山更峥嵘。
山川如善政，瑞气万古萌。
为此永瞻仰，巍巍御离宫。

4. 译者注：引自人民文学出版社出版的《万叶集选》，李芒翻译。

反歌其一

遥望久不厌，清心吉野川。

苔滑石岸湿，愿结重游缘。

其二

天皇雄风震全域，俨然天神御长空。

吉野川上激流中，凌云高阁建皇宫。

极顶登临望阔野，峰峦叠翠似垣横。

山神源源献贡品，天皇享受乐无穷。

宫女丽春簪百卉，清秋枫叶头上红。

常绕皇宫碧水神，亦为御膳寄深衷。

上游饲养鹈鹕忙，下游编织渔网勤。

为使山川齐贡献，宫人奔走奉上皇。

反歌其二

山川齐供献，同为现人神。

河内激流涌，御舟橹摇频。

从以上和歌和反歌可以看出，古时的吉野宫并不是位于今天的吉野山，而是位于吉野河畔。一直到奈良朝，吉野宫都被保存得非常完好，文武、元正和圣武等天皇都曾行幸吉野宫。鉴于吉野宫的特殊地位，吉野地区的管理并不是置于大和国司之下，而是由专门设立的吉野监进行管理。吉野监的具体设立年代不详，可能是在元正天皇在位时设立。和铜年间出现了吉野郡这一地名。

养老五年（721）所编的《国郡记事》中出现了吉野监这一名称。后来，圣武天皇在裁撤和泉监时，一起把吉野监也给裁撤了。自此以后，吉野离宫也就退出了历史舞台。

附二：茅渟离宫

在奈良时代，和泉监和吉野监地位相同。灵龟二年（716），元正天皇修建珍努宫[5]。是年三月，元正天皇将河内国的和泉和日根二郡分离出来，用这二郡的税收供养珍努宫。是年四月，在二郡的基础上，又新增大岛郡，并特别设立和泉监来管理这三个郡。养老元年（717）二月和十二月，元正天皇两次行幸和泉宫。天平十年（738）八月，和泉监被废除，三郡并入河内国，但是离宫并没有被废除。天平十六年（744）二月，圣武天皇行幸和泉宫。天平十六年（744）七月和十月，元正太上天皇两次行幸和泉宫。自此以后，此宫退出历史舞台，天平神护元年（765），孝谦天皇行幸纪伊返回途中驻跸日根郡深日行宫和新治行宫。以上两处行宫应该都不是之前的和泉宫。

和泉宫和珍努宫指的是同一处宫殿，仅是名称不同而已，其具体位置大致位于后来的和泉国府。“珍努”这一地名起源于古时的“茅渟”，而古时候茅渟指的就是和泉地区。天平宝字元年

5. 译者注：在日语中，“茅渟”和“珍努”的发音相同，均为“chinu”。

（757），和泉国从河内国分离出来，其所管辖的范围虽然和旧时和泉监的范围相同，但此时已不是为供养离宫而专门设立的特别行政部门，而仅是一个普通的地方政府机构。和泉国的国府所在地位于今天泉北郡国府村大字府中。古时，允恭天皇为衣通姬所建的茅渟宫也是位于此地。旧时有人称其位于今天泉南郡上之乡村，但当地人却不这么认为，他们说此村并不是茅渟宫的所在地，而是衣通姬的出生地。在享保年间（1716—1735），此地还有一座纪念衣通姬的小祠堂。不过，古时的茅渟指的就是和泉南部地区，所以茅渟宫位于泉南郡上之乡村的说法也并不是没有可能。奈良时代将和泉宫称为珍努宫，其实就是来源于茅渟这一名称。

附三：由义宫

天平神护元年（765）九月，称德天皇从大和的小治田宫出发行幸纪伊玉津岛，返回途中经和泉抵达河内，驻跸弓削行宫。弓削是太政大臣弓削道镜禅师的故乡。称德天皇在弓削行宫下令免除当年河内与和泉两国的调[6]，同时免除河内国大县和若江两郡与和泉国大岛、和泉和日根三郡的田租。天平神护景云三年（769）十月，称德天皇再次行幸此地，由于由义宫位于平城京以西，所

6. 译者注：当时的日本沿用中国唐朝的租庸调制，唐代的租庸调制以均田制为基础，丁男、中男授田一顷，每年纳粟二石，称为“租”；每年服劳役二十日，或若不服役，每日交绢三尺，称为“庸”；每户每年缴纳定额的丝、麻等物产，称为“调”。安史之乱后，均田制被破坏，此法遂为两税制所取代。

以将由义宫定为西京，并改河内国为河内职。由义宫的地位高于弓削行宫，河内职的地位也高于原先的河内国。河内职与左右京职、摄津职具有同等的地位。宝龟元年（770）正月，若江、大县和高安等郡的百姓的住宅被划入由义宫的范围内，后来由朝廷出资完成了搬迁。不过大肆修建由义宫仅是道镜擅权的结果，宝龟元年（770）称德天皇驾崩后，道镜也随之失势，由义宫也难逃被废弃的命运。

综上所述，由义宫的范围很广，在宝龟元年（770）是横跨若江、大县和高安三郡。宫址的具体所在有两种说法，一种是位于今天中河内郡曙川村大字八尾木；另一种是位于八尾村大字别宫。不管其位于何处，由义宫的宫城区域都是非常宽广的。最后以一首和歌结束本章。

《赞久迩新京歌》[7]

神圣今皇帝，天下八岛中。

多国多乡里，山川壮丽同。

山城鹿北山，大柱建皇宫。

由此统天下，驾驻布当宫。

河近湍音清，山近鸟音明。

秋来山上鹿，响遍唤妻声。

7. 译者注：引自湖南人民出版社出版的《诗苑译林——万叶集》，杨烈翻译。

春来到冈边，岩间花开繁。

怡心且悦目，乃是布当原。

最为高贵处，皇宫不可攀。

大王闻其美，皇宫定此间。

反歌

三日原头上，布当大野边。

清幽多美景，定作皇宫贤。

10

长冈京

10.1 迁都长冈的疑问

桓武天皇迁都长冈是日本历史中最难解答的谜团之一。前文已述，延历元年（782），桓武天皇立志整顿财政，他裁撤了已存续多年的造宫省和其他很多官署，并明确表示“今之宫室尚可居住”。但是仅过了两年，延历三年（784），桓武天皇突然发布迁都长冈的圣旨。已存在了七十余年的平城京在顷刻间迎来了自己被废弃的命运。以上为迁都长冈的第一大疑问。另外，自延历三年（784）宣布迁都长冈到延历十二年（793），前后十年，朝廷非常努力地修建长冈京，并且也耗费了大量的财力，但即便是这样，长冈京也还是没有建成。后来在附近另择他址修建平安京后，一切都变得顺畅起来。这是迁都长冈的第二大疑问。

舍弃长冈、迁都平安，从表面上看来是因为前者耗费了大量的财力，但工程却没有取得大的进展，又因为后者交通方便，景色优美。但是如果单从费用的角度来看，长冈京已经修建了十年，而且大部分已经完工，而平安京则是从零开始，究竟哪个省钱，哪个费钱，一目了然。从风景的角度来看，长冈京的风景未必就比平安京差，即便是有不如平安京的地方，但仅凭此就将长冈京废弃掉，那也实在是些说不过去。另外，从交通的角度来看，延历六年（787）十月，桓武天皇在诏书中提到了自己之所以迁都长冈的原因，指出“朕因水陆之便，迁都此邑”，可以看出长冈的交通即便是比不过平安，但也绝不会比平安差。当时难波是日本西海岸通向中国和朝鲜半岛的一处重要港口，从日本内地运输物资到难波大多是经淀川用船运。山崎津和东侧的淀津是淀川上的两处重要港口。从长冈到以上两处港口要比从平安到以上两处港口距离更短一些，平安京要多出数十町的陆路。另外，从长冈往东经逢坂越到东国地区，一路都算比较平坦笔直，而从平安京到以上地区则要显得迂回得多。假设真的如表面上看来的那样，在交通方面平安京真的比长冈京便利一些的话，那也完全没必要废弃一座已经大部分建成的都城，而又在附近去重新建造一座都城。为何突然提出迁都长冈的计划，为何又在中途戛然而止，这些不仅是我们研究长冈京的重要问题，同时也是我们研究当时历史真相时的最有意思的题目。

10.2 迁都的表面经过

如果单从表面上来看，迁都长冈的整个过程甚为简单。迁都的一大重要理由就是为了水陆之便，不过和平城京比起来，其实也没便利多少。总之，不管怎么说，延历三年（784）五月，桓武天皇突然发布迁都长冈的圣旨，并任命中纳言藤原种继、左大辨佐伯今毛人、参议纪船守等为造宫使，负责新京宫殿的建造事宜。桓武天皇下令，命诸国将本年度的调庸及营造宫殿用的物资运到长冈，同时还赐给公卿及内亲王、夫人和尚侍等正税六十万束，让他们在新京建造宅邸。另外，对私宅被划入新京范围内的百姓，朝廷每户赐给正税四万三千余束，帮助其另择新址安家。

延历三年（784）七月，朝廷命阿波、讃岐和伊豫三国筹措山崎桥的建材。山崎桥本为行基和尚所架，从重新筹措建材的情况来看，当时老的山崎桥应该是已经朽烂无法再用了，所以才重新架桥，以便于与旧京的交通往来。延历三年（784）十一月十一日，桓武天皇行幸山崎桥的建设工地时，诸国都已经将建材运到了工地，而这距营造新京宫城开始仅仅过去了五个多月，据此也可以看出当时的迁都是何等突然，工程的推进是何等火急火燎了。延历四年（785）十二月二日，桓武天皇下诏提拔造宫有功之臣，同时还免除了参与工程建设的各国役夫本年度的田租。从三位造宫使藤原种继被提拔为正三位；正四位上造宫使纪船守被提拔为从三位；佐伯今毛人被提拔为参议，其他有功的官员也都获得了提拔。延历四年（785）正月，桓武天皇在大极殿接受群臣朝贺，但是当时的宫城仅完成了一部分，并没有完全竣工。是年正月，桓武天皇派官员主持摄津国神下、梓江和鯵生野的运河挖掘工作，引淀川水注入三国川。这样一来，长冈的水陆交通就更为便利了。延历四年（785）七月，朝廷征发诸国百姓三十一万四千人参与新京的建设。在营造新京的各项工作顺利推进的过程中，突然发生的一件大事给整个工程造成了巨大的挫折，那就是造宫使藤原种继被暗杀了。

延历四年（785）九月，桓武天皇从长冈出发，行幸平城宫。皇妹朝原内亲王当选伊势斋宫，此次桓武天皇行幸平城宫主要是为了给妹妹送行。桓武天皇不在长冈京的这段时间，由皇太子早良亲王、右大臣藤原是公、中纳言藤原种继等留守，但不幸的是，藤原种继被刺客暗杀了。藤原种继是迁都的主要发起人，同时还是造宫使的长官，其去世毫无疑问给新京的建设带来了很大的障碍。延历六年（787）七月，太政官院建成，百官有了自己的办公场所，但此后新京的营造就陷入拖延状态，未能再有新的进展。延历七年（788）九月，桓武天皇在诏书中承认“宫室尚未成，兴作稍多，征发苦百姓”。延历十年（791），长冈宫的各座宫门依然没有建成。是年九月，朝廷下令要求越前、丹波、但马、播磨、美作、备前、阿波和伊豫等国将平城宫的各座宫门拆除，然后移建到新宫。在工程难以取得进展的情况下，朝廷也只能采取如此下策，据此也可以看出当时造宫使的困难程度了。即便如此，直到最后新京的建设依然没有竣工。

延历十三年（794），桓武天皇下令中止长冈京的建设，决定营建平安新都。长冈京的建设历经十年之久，耗费了大量的财力，但最终全都化为了泡影。以上所述仅是长冈迁都的表面经过。至于为何会发生这样的事件，又为何会出现这样的结局，如果对造宫使长官藤原种继的事迹仔细研究的话，一切应该都会变得明了起来。

10.3 藤原种继与长冈迁都

造宫使藤原种继是藤原宇合之孙，藤原清成之子。天平十二年（740）在太宰府谋反、使得橘诸兄趁机迁都恭仁京的藤原广嗣是藤原种继的伯父。在奈良朝末期，明里暗里出谋划策排斥道镜、拥立光仁天皇、确立桓武天皇皇太子身份的藤原百川是藤原种继的叔父。后来撺掇平城上皇，企图迁回平城京的藤原仲成和藤原药子是藤原种继的子女。

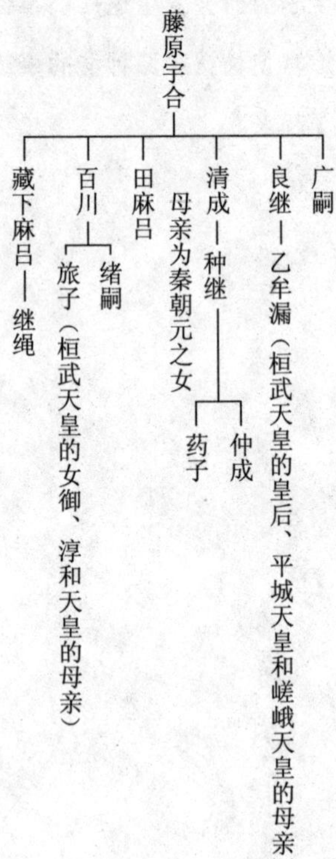

通过此谱系图，相信大家大致可以推断出藤原种继是个什么样的人了。藤原种继其实并不是一个普通的公子哥儿，他有着不输伯父藤原广嗣、叔父藤原百川的手腕，而且是个充满了谋叛气息的人物。叔父藤原百川尽管有拥立光仁和桓武两天皇的大功，但由于其不幸早逝，所以桓武天皇未能充分报答其恩德。藤原种继作为藤原百川的侄子，在百川去世后，继承了叔父的功劳，所以深得桓武天皇的信任。《续日本记》的作者评价藤原种继“天皇极其信任、内外之事皆决之”。据此也可以看出，当时藤原种继的权势是多么大了。不过，在最初的一段时间里，藤原种继的提拔速度却是非常慢的。天平神护二年（766）十一月，藤原种继的官阶为从五位下，宝龟五年（774）七月被提报为从五位上，前后整整八年仅被提拔了一级官阶。宝龟八年（777）正月藤原种继被提拔为正五位下，宝龟十一年（780）十二月又被提拔为正五位上，这一级官阶的提拔又耗掉了接近四年的时间。直到此时，藤原种继的提拔都是非常缓慢的，不过在藤原百川去世后，提拔速度立马变得迅速起来。天应元年（781）正月，藤原种继被提拔为从四位下，这距离被提拔为正五位上仅过了一个月的时间。是年四月，他又被提拔为从四位上，六月被提拔为正四位下，接着又很快被提拔为正四位。延历二年（783）四月，藤原种继被提拔为从三位，从此踏入公卿行列。总之，在二十九个月的时间内，藤原种继的官阶连升六阶。后来在延历三年（784）十一月，藤原种继进一步被提拔为正三位。同时，官职也随之不断提升。天应元年（781）五月，藤原种继任左京大夫兼近江守，七月被提拔为左卫士督兼近江守。延历元年（782）三月被任命为参议，同时兼任左卫士督和近江守。延历二年（783）七月，又兼任式部卿。延历三年（784）正月，藤原种继被任命为中纳言，同时兼任式部卿、左卫门督和近江按察使。在藤原百川去世后，尤其是在桓武天皇登基后，藤原种继的提拔速度迅速加快，据此也可以看出桓武天皇对他的信任。

光仁天皇是天智天皇的后裔，在壬申之乱后，皇位长期由天武天皇的后裔所把持，按理说光仁天皇本来根本登不上皇位，但是在藤原百川等人的拥戴下，光仁天皇出乎意料地登基。另外，桓武天皇的生母出身卑贱，按照常理他很难被立为储君，后来亦是在藤原百川的热心帮助下，才被立为皇太子。可以说，光仁和桓武两天皇都对藤原百川充满了感激之情，尤其是桓武天皇，与藤原百川的关系更为密切。然而，藤原百川却不幸在桓武天皇登基前的宝龟十年（779）七月去世，年仅四十八岁，官位也仅达到参议而已。藤原百川去世时，长子藤原绪嗣尚幼，所以其遗勋只能由其兄弟来继承，但他的兄弟大多已先他而去，健在的唯有参议藤原田麻吕一人。藤原田麻吕生性恭谦，与世无争，和当时满是权谋术数的官场中人完全不同。天平十二年（740），受藤原广嗣叛乱的牵连，藤原田麻吕一度被流放到隐岐，但很快又被召回。后来他隐居在蜷渊山，不再过问政事。藤原百川去世后，藤原田麻吕立即被任命为中纳言，很快又被提拔为大纳言，一年后又被提拔为右大臣。与此同时，藤原种继也不断获得提拔。之所以出现这一状况，主要是因为桓武天皇追怀藤原百川的功德，并将其报答到百川的弟弟及侄子身上的结果。

如此一来，藤原种继终于迎来了发挥自己政治实力的时刻。延历三年（784）五月，藤原种继刚刚升任中纳言没几个月，桓武天皇突然发布了迁都长冈的诏书，而且是由藤原种继亲自担任造宫使长官。其实，迁都长冈是在藤原种继的一手推动下进行的。突然决定迁都长冈出乎当时所有人的意料。一年前，桓武天皇刚刚裁撤了造宫省，并且明确宣布宫室满足使用。一年后，在财政依然困难，并没有宽裕多少的情况下，桓武天皇突然发布迁都的诏书，这着实让当时的名门世家震惊不已。在历史上，天平十七年（745），橘奈良麻吕为了自己的利益，一手推动了迁都难波之事，后来查明橘奈良麻吕在当时就已经有了谋叛之意。有此前车之鉴，所以在藤原种继提出迁都长冈的计划后，各大名门世家出于维护自家利益的考虑一致反对迁都。延历四年（785），桓武天皇行幸平城京，藤原种继留守长冈京。在此期间，藤原种继被暗杀，这一切应该都是反对者所为。橘奈良麻吕谋叛时的朋党大伴和佐伯等诸氏被认为是谋杀藤原种继的嫌疑人，所以都受到了处分。中纳言大伴家持当时已经去世，但由于被认为曾预谋过此事，所以也被追加处罚。受此事的牵连，皇太子早良亲王被废黜皇太子之位。早良亲王和桓武天皇同为光仁天皇的夫人高野氏所生。反对迁都势力的暗杀之举不仅结束了藤原种继的生命，同时也使得自身的势力大为受损，另外整个长冈京的经营也因藤原种继的离世而遭受重创。在藤原种继的努力下，经营长冈京的财源基本可以得到保障，但是在其死后，这一财源也就断了。讲到这里，我们就不能不提藤原种继与山城北部地区秦氏的关系。秦氏是中国秦始皇的后裔弓月君的子孙。应神天皇十四年（282），弓月君率一百二十七县的百姓归化日本。这里说的县相当于后来的郡，可以看出其人数是非常多的。据《新撰姓氏录》和《日本纪》等的记载，雄略天皇在位时，秦氏共有九十二部，共一万八千一百七十人。这里的部有群之意，相当于后来的郡。钦明天皇元年（540），秦氏的户数多达七千零五十三户。如果以“大化·大宝之制”中规定的五十户为一乡的标准来算，那钦明天皇在位时的秦氏约有一百四十一乡。奈良朝养老年间，全国的乡数为四千零十二个，假设养老年间的秦氏乡数仍为钦明天皇在位时的数量的话，那秦氏的乡数相当于全国乡数的二十八分之一。据此也可以看出，在当时秦氏的势力是非常强盛的。

秦氏分散在全国各地，主要从事工业，非常富有。山城北部是其大本营。钦明天皇在位时期，山城国纪伊郡深草里有一位叫秦大津父的人深得钦明天皇的喜爱，常常陪侍天皇左右，而且非常富有。后来钦明天皇任命他为大藏吏，同时成为管理七千零五十三户秦人的秦伴造。任命富豪来管理国库，这也合情合理。据传说，伏见的稻荷，即深草的官币大社稻荷神社，就是祭祀秦氏祖先的神社。另外，据《山城风土记》载，此地有一位富豪，名叫秦伊吕具，富贵至极，曾以饼当射箭用的靶子，后来饼化作天鹅飞走了，变成了稻荷之神。总之，在山城地区流传着很多秦氏富有的传说。此外，葛野和爱宕诸郡，秦氏一族也非常昌盛。

官币大社贺茂上下神社和松尾神社等都与秦氏一族有着很深的关系，其中葛野的松尾神社后来是由秦氏一族的人直接来担任祠官。今天，桂川的部分河段被称为大堰川，这其实就是因为秦氏在此处建了很大的一段河堰，引桂川水来灌溉葛野地区的平原而得名。从这一件事也可以看出，秦氏一族在葛野地区应该非常有势力。

另外，在圣德太子主政时期，秦河胜曾奉圣德太子的旨意，以一己之力兴盛葛野的蜂岗寺（今天的太秦广隆寺）。据此也足以看出当时的秦河胜是多么富有了。此外据《大安寺三纲记》记载，近江栗太郡的苇浦观音寺有僧房二十八宇，据说也都是秦河胜所建。总之，葛野、爱宕、纪伊和山城北部地区等几乎都被秦氏一族所占有。后来直到中世，葛野郡嵯峨地区的大部分田地的所有者还是秦氏，可以看出在古代这一地区的秦氏的势力应该是更为强大。史书中记载了一位名叫秦岛麻吕的人，在圣武天皇迁都恭仁京的过程中，他做出了很大贡献，后来受到圣武天皇的重赏。另外，还有一位叫秦朝元的人，他生在中国，能作诗，会说汉语，但是不会作和歌，每当宫中举行宴会的时候，众人皆作和歌，唯独他不会，所以每次都会被罚款。后来，圣武天皇任命他为主计寮的一把手——主计头。主计寮是民部省的下属机构，主管税收、朝廷预算和决算等。圣武天皇建造了东大寺的大佛，同时还修建了数量众多的寺院，当时朝廷的一半收入都被他用来礼佛。在政府支出庞大且财政收入吃紧的严峻形势下，选择一个外国人来担任主计头这样重要的官职，据此也可以看出圣武天皇对秦朝元的信任，同时也说明秦朝元应该是一个很大的金主。在此我们需要格外注意的是，秦朝元的女儿正是藤原种继的母亲，也就是说种继的父亲藤原清成是通过与秦朝元联姻，借秦朝元的财富来巩固自家的权势。

我们在探究迁都长冈京的很多谜团时，最需要注意的一大问题就是长冈迁都的首倡者、造宫使长官藤原种继的身份问题，即藤原种继是山城北部豪族秦氏的外孙的身份。毫无疑问，当时政府的财政是非常困难的，如果单凭政府之力，是不可能完成新京的建设的，从而也不可能做出迁都的决定。在历史上迁都恭仁京时，秦氏在经济上给予了很大的帮助，同样的情况在营建长冈京时再次上演。延历三年(784)十二月，朝廷奖赏营建新宫的有功者，山背国葛野郡的秦忌寸足长因为帮助建造宫城有功，从正八位下提拔为从五位上；秦公宅守因建造太政官院的院墙有功，从正八位上提拔为从五位下。以上二位应该都是和藤原种继具有姻亲关系的秦氏豪族中的人员，他们响应种继的号召为长冈京的营建提供了巨大的经济支持。除此之外，延历四年（785）二月至十月，近江国人胜首麻吕捐献私粮，解决了三万六千余名役夫的吃饭问题，功劳显赫，所以从从七位下被提拔为从五位下。需要注意的是，此人应该和秦氏一样，是一位归化日本的外国人。

综合考虑以上各现象，我相信任谁都可以推测出藤原种继在财政困难之际依然决定迁都长冈的深层次原因。藤原种继其实是想借助秦氏的财力，脱离多年积弊的平城京，摆脱大伴、佐伯等向来对藤原氏的荣耀显达不快的旧势力，所以选了长冈之地营建新京，这里一来交通比平城更为便利；二来又紧挨着秦氏的大本营，藤原种继希望借迁都来巩固自己的权势。当时平城京的陈年积弊有很多，其中之一就是僧侣的跋扈。根据延历二年（783）十二月桓武天皇的诏书，我们可以清晰地看到，当时平城京内诸寺在朝廷的庇护下积弊层生，它们贪图利润，让贫民典当住宅来贷取钱款，残酷压榨贫民，最终逼得很多贫民流离失所。藤原种继主张迁都长冈，毫无疑问主要是为了自己的利益，但给予巨大资金支持的秦氏也得到了很多有形或无形的利益，可以说两者是一荣俱荣、一损俱损的关系。后来在藤原种继被暗杀后，这一切都化为了泡影。

10.4 桓武天皇与百济王氏

藤原种继借助秦氏等归化日本的外国人的力量来推动迁都长冈京的计划，这其实很符合桓武天皇朝的朝代特色。秦氏和汉氏等本就是归化日本的外国人，他们人数众多，富有团结精神，虽然拥有大量的财富，但是社会地位低下，即便是被政府所征用，也多为普通的学问传授者、工艺师傅、外卫[1]的兵士和舍人等，不可能进入贵族行列。因此，虽然其很多族人在历史上留下了名字，但是直到平安朝初期没有一人能够进入内阁。前文已述，从三位及以上都可以算作公卿，但是综观整个奈良朝，能够达到从三位及以上的外国人仅有百济王氏二人和高丽王氏一人。这些归化日本的外国人在民间有着巨大的财富，并且在暗地里培育着自己的势力。桓武天皇即位前是光仁天皇的皇子。光仁天皇的皇后是圣武天皇的皇女井上内亲王，所生的皇子为他户亲王，曾被立为皇太子，但后来因为一些问题皇后和皇太子母子二人都被废了。桓武天皇的母亲为百济王氏之女高野新笠，是光仁天皇的夫人，按常理说，即便是他户亲王的皇太子之位被废，桓武天皇由于母亲的身份卑贱也不可能被立为太子，但后来在藤原百川的热心拥戴下，桓武天皇被立为了太子，并最终即位成为天皇。这样一来，

1. 译者注：外卫是指平安时代六卫府中左右兵卫府和左右卫门府的统称。

本为外国人的百济王氏也因此成为天皇的外祖父家。桓武天皇在位时，对百济王氏的人提拔很多，有些人成为身兼重任的大臣。例如，百济王氏中有一位叫和家麻吕的人，曾被提拔为正三位中纳言，死后被追授为从二位大纳言。延历十五年（796），和家麻吕被提拔为参议，当时世人颇为惊讶，所以史官在史书中专门记载“外人入相府，由此始之”。除此之外，其他的一些归化日本的外国人也渐渐崭露头角。桧前汉人族群中的坂上刈田麻吕和同村田麻吕父子都是位列公卿。桓武天皇朝是对归化日本的外国人非常有利的一个时代。当时像秦氏这种在民间拥有巨富的外国人势必会不断扩张其势力，并抓住一切机会提高其地位。长冈京就是在这样的时代背景下开始着手兴建的，秦氏及其他的归化日本的外国人积极捐资来帮助工程建设，从提升自己社会地位的目的来看，这也是势在必行。

10.5 平城宫门的移建与长冈京的规模

正如前文所述，长冈京的建设主要是仰赖秦氏及其他归化日本的外国富豪的捐助，在藤原种继的主持下进行的。在各项工作稳步推进的时候，突然间藤原种继惨遭反对者的毒手，落得一个横死的下场。之后，长冈京的建设陷入巨大的挫折。在藤原种继去世以后，原本是为了藤原种继才出资的富豪，由于看不到预期的回报，自然也就不可能为营造新京继续出资，这也就导致新京的建设陷入非常困难的境地。

从《催马乐》中收录的一首和歌，我们大致可以了解到当时长冈京所遇到的巨大困难。

昔日新京繁华地，朱雀路边柳成排。

新绿旧绿交相映，柳叶泛出玉光来。

旧京繁华今已去，化作田园和民宅。

庭院栽有花草树，秋荻瞿麦花正开。

此和歌的创作年代不详，但自古以来对歌中新京和朱雀的解释多为平安京，但仔细研究就会发现新京和朱雀其实指的是长冈京。整首和歌的大致意思是，昔日新京的朱雀大道，两边种着成排的柳树，新叶的浅绿与老叶的浓绿交相辉映，泛出点点的玉光，呈现出一片美丽的景色，然而时至今日，旧时的新京已经被废弃，变成了一片田园。如果此和歌写的是平安京的话，那是非常不吉利的，而且也是不符合历史事实的。如果此和歌写的是更为古老的平城京的话，那也不免有不恰当的地方。所以说，此和歌最有可能写的是位于两者之间的长冈京，吟咏的是长冈新京最终被废弃的命运。

从历经七年宫城诸门仍未建成，不得不于延历十年（791）九月拆掉平城宫的宫门，千里迢迢运往长冈宫加以重建，我们可以感受到当时营造长冈京的困难程度。关于长冈宫的诸座宫门，受《拾芥抄》的影响，自古至今就存在着一些谬误，不过恰是这些谬误为我们了解平城、长冈和平安诸京的宫门提供了暗示，这真的是一件十分奇特的事情。以下简单做一说明。

平安京宫城诸门，除上东和上西两门外，其他所有诸门都是按照中国风格，选用很好听的文字来命名。在菅原清公的奏议下，弘仁九年（818）三月嵯峨天皇颁布诏书，要求天下仪礼、男女服装皆效唐法，五位以上官员的位阶授予形式也都采用唐式，诸宫殿、院、堂、门、阁等原有的日式风格的匾额全部要换成唐式的新式匾额。前文已述，自飞鸟板盖宫以来，宫城有十二座门已成定式，藤原宫有海犬养门，平城京有中壬生门和的门。不过，根据《拾芥抄》中存有谬误的记载，我们意外地了解到其他宫门的由来。《拾芥抄》中的“或书”一文中记录了延历十二年（793）六月诸国建造新宫诸门的情况。此文错字漏字较多，不过根据《拾芥抄》中关于门号的记载，我们大致对其修正如下：

尾张、美浓两国造殷富门，伊福部氏

越前国造美福门，壬生氏

若狭、越中两国造安嘉门，海犬养氏

丹波国造伟鉴门，猪养氏

但马国造藻壁门，佐伯氏

播磨国造待贤门，建部氏

备前国造阳明门，山氏（原文作若犬甘氏）

备中、备后两国造达智门，丹治比氏

阿波国造谈天门，玉手氏

伊豫国造郁芳门，的氏（原文作达部氏）

○○国造皇嘉门，若犬甘氏（原文漏此门）

○○国造朱雀门，伴氏（原文漏此门）

延历十三年（794）十月二十三日，天皇从南京迁北京。

以上所介绍的宫门自古以来都被认为说的是平安宫，但是仔细观察之，却发现有种种的矛盾难以解释清楚。首先，某国建造宫门与某人建造宫门不可能同时发生。某国建造宫门通常是由中央政府下令，由某国负责建造某座宫门，而某人建造宫门则是个人的行为。所以说，某座宫门是不可能既由某国来建造，同时又由某人来建造的。由某国来负责建造宫门的情况我们暂且不论，由个人来负责建造宫门肯定不可能是平安京的事。前文已述，宫门的名称直到弘仁九年（818）才被改为唐式，而之前的宫门名称都是和式。宫门的和式名称与上文中介绍的诸门营造者的名称是相同的，由此我们可知，宫城十二门最初都是由豪族捐资兴建的，并且会用捐资者的名字来命名宫门，以示表彰。这样的事情是绝不会在平安京时代发生的。据《续日本记》的记载，安嘉门的原名海犬养门其实早在藤原宫就已经存在；美福门的原名壬生门（平城宫称中壬生门）、郁芳门的原名的门在平城宫就已经存在。所以说，海犬养氏建造了安嘉门、的氏建造了郁芳门、壬生氏建造了美福门至少应该是藤原京或平城京的事。我们可以进一步推测，其他诸门的名称可能在藤原京就已经有了。《拾芥抄》中的此段记述记录的可能是最初负责建造各座宫门的诸氏的名称，以及用他们的名字命名宫门的由来，不过与后来某一时期跟各座宫门有关系的诸国的国名混淆在了一起，并将其错记为延历十二年（793）平安京的事。如果以上推测是正确的话，那此条记录又该是什么时候的事呢？此条记录中有“天皇从南京迁北京”的表述，南京即南都平城。桓武天皇将都城从平城京迁走后，首先迁到的并不是平安京，而是长冈京。另外，记录中所提到的诸国的国名其实是指延历十年（791）九月受命将平城宫的诸门拆掉并运到长冈宫重建的诸国。前文已述，据《续日本记》记载，延历十年（791）九月，越前、丹波、但马、播磨、美作、备前、阿波和伊豫等国受命往长冈宫移建平城宫的宫门，而《拾芥抄》的记载比前者多出了若狭、越中和备中三国，但是没有美作国。《续日本记》用

“等国”来代替掉了若狭、越中和备中三国，而《拾芥抄》中漏掉的皇嘉和朱雀两门则可能是由漏掉的美作国来负责移建。总之，《拾芥抄》中所记载的各国的国名并不是平安京的事，而是指受命将平城宫的诸门移建到长冈宫的各国的国名。另外，《拾芥抄》中所记载的延历十二年（793）其实是延历十年（791）之误。从以上资料也可以看出，长冈宫和平城宫、平安宫一样，也都有着十二座宫门，而且三座宫城的宫门名称可能也都是沿袭了藤原宫时诸宫门的名称。尽管《拾芥抄》中将长冈宫之事误认为是平安宫之事，但是这一错误记载却为我们了解长冈宫诸宫门的情况提供了便利，这不能不说是冥冥中的万幸。

长冈一名来源于从北方一直延伸到今日向日町附近的一段丘陵，因为此段丘陵很长，因此得名长冈。宫城的主要部分大致位于长冈南端，即今日向日町的附近。京城在宫城的基础上向左右并向南延伸。在今天向日町城区的东部还立有“长冈宫大极殿址”的石碑。大极殿的旧址在今天被称为小字大极殿，面积约有一町[2]大小，北端紧挨着小字荒内。荒内和大津京的蚁内相同，都是指荒废的大内里。在确定了大极殿的位置后，长冈宫的位置也就基本可以确定了，不过具体的规模却不是那么清楚，我个人觉得应该和平城宫、平安宫差不多。长冈京的面积具体有多大，现在还

2. 译者注：1町约9917平方米，约等于1公顷。

无从得知，不过从平安京的面积仅仅比平城京多出那么一点点来看，处于两者之间的长冈京的面积应该和平城京、平安京差不了多少。

后世的史学家普遍认为，长冈京位于东南之一隅，地势低洼，气候潮湿，而且面积狭小，非常不适宜建都，所以后来才会中止长冈京的建设，迁都平安京。其实真实情况可能并非如此，即便决定迁都长冈的决定再仓促，但在多年经营平城京的经验基础上，不可能选择一处不适合建都的狭隘之地去建造一座新的都城。在规划长冈京时，有五十七町面积内的百姓私宅被划到了宫城范围内，而平城京在规划时是六十四町面积的百姓私宅被划到了宫城范围内。前文已述，京内的一町要比京外条里的一町面积大，当时平城京内的六十四町相当于京外的百町以上。同样地，长冈京内划入宫城范围内的五十七町的百姓宅地如果换算成京外的面积，那还要大得多。当然了，这五十七町的百姓宅地肯定不是宫城的全部面积。总之，现在还没有材料能够证实长冈宫的面积比平城宫、平安宫小，另从五十七町百姓宅地之外还有很多其他的土地来看，长冈宫应该和平城宫及平安宫差不多大小。

从上文介绍的《催马乐》中收录的和歌可以得知，长冈京内也有朱雀大街，两侧也是种植着垂柳。另外，长冈京内大小道路的方位及名称可能与平城京也基本相同，而平安京的很多道路的名称可能也都是沿袭自平城京和长冈京。平安京内有条小路名为猪熊，在长冈京内亦有同样名称的一条道路。在后文平安京一章中，我还会介绍，平安京的不少街衢的名称在平城京时就已经存在，介于两者之间的长冈京就更不用说了。总之，长冈京的规模和规划与平城京、平安京大致都差不多。

10.6 长冈迁都的具体年月之谜

《续日本纪》明确记载，长冈迁都发生在延历三年（784），十一月十一日桓武天皇行幸长冈宫，翌年正月，天皇在新宫的大极殿接受百官的朝贺。另外，延历十三年（794），都城被迁往平安京，当时的史书对长冈京的评价是“十年功业未成”，据此也可以算出长冈迁都应该是发生在延历三年（784）。但以上所述仅是表明了长冈京建设工程的开始日期，并不是迁都的直接证据。另外，《三代实录》贞观六年（864）大和国的上奏文中明确提到是在延历七年（788）迁都长冈，而且表明历经七十七年的风雨，当年的都城与道路都已经退变成田圃。根据历史年表，从延历七年（788）至贞观六年（864）正好是七十七年，所以书中延历七年（788）迁都之事肯定不是延历三年（784）的误写。

这样一来，关于迁都长冈的具体时间在两部史书中就出现了矛盾的地方，也因此成为历史上的一大谜团。进一步思考，延历三年（784）桓武天皇应该是确实行幸长冈京，所以《续日本纪》以此事实为基础，认为迁都之事发生在延历三年（784），而在大和国的眼中，最终大规模迁都长冈是发生在延历七年（788），所以认为迁都之事发生在延历七年（788）。另外，延历三年（784）桓武天皇确实曾行幸长冈京，但这一切都是在仓促中进行的，当时是否真的发布过迁都诏书，这一切都还存疑。对当时大和国的国司来说，从延历三年（784）至延历七年（788），他可能真的认为都城依然在平城京。

在近代亦有同样的例子。明治时期迁都东京的具体年月虽然是以天皇临时行幸东京为准，但事实上当时的京都依然是表面上的都城。当时京都与东京的关系就类似于中国唐朝的长安和洛阳的关系。东京仅是一座东都而已，若说到都城还是指京都。明治天皇行幸东京后，很快就返回京都，后来又再次行幸东京，所以在当时各都道府县的眼中，居于第一位的仍是京都，东京仅能排第二位。后来在明治四年（1871）所有的机构全都迁到东京后，京都和东京在各都道府县眼中的地位也随之发生了变化，东京变为第一，而京都沦为第二。

严格来说，若论迁都东京的具体日期，究竟是该以明治元年（1868）天皇初次行幸东京的日期为准，还是该以明治二年（1869）天皇再次行幸东京并驻跸于此为准，或是以明治四年（1871）所有政府机构都迁到东京为准，这一切都还难以说清，也许会成为一个永远的谜题。迁都长冈亦是如此，延历三年（784）桓武天皇在仓促间行幸长冈京，但是在翌年桓武天皇又返回了平城京，将所有迁都的事宜交由藤原种继来负责。由于迁都的具体日期难以确定，所以《续日本纪》的编纂者仅记载了延历三年（784）桓武天皇行幸长冈京之事，并以此作为迁都的日期，而大和国府则以后来各政府机构基本都已迁到长冈的延历七年（788）作为迁都的具体年份。

补记：

各町村为了争取将学校官署等设在自己的领地内，会竞相捐赠建设用地和经费等。铁道部门也会以在町村设站为条件，要求相应的町村捐赠土地和资金、在人员方面提供便利等。藤原种继与秦氏在迁都长冈中的关系应该也和这差不多，所以说古今的人情世故其实没有丝毫变化。

11

平安京

11.1 平安迁都的疑问与表面经过

长冈迁都事发突然，在历史上留下很多待解之谜。与此相同，平安迁都亦有很多不可思议之处。当前的普通历史教科书将长冈迁都和平安迁都的理由放在一起来说，解释都颇为简单，仅认为是由于奈良地区交通不便，再加上政府机构不断膨胀，面积狭小的奈良地区已不适宜继续当作都城，所以桓武天皇将都城迁到了交通便利的山城地区。除此之外，没有再做其他的说明。不过，我们可以进一步思考，迁都平安京的原因可能还包括长冈京面积狭小、平安京交通便利且风景优美、长冈京耗资巨大但一直没有完工、长冈迁都的首倡者藤原种继的横死等。

虽然在某种程度上藤原种继的横死是导致迁都平安京的一大重要原因，但是总的来看，造宫使长官的更迭并不能成为废弃正在建设中的都城、无视已经投入的巨额经费和人力，然后在其附近再造一座新都城的理由。在平安京的建设过程中，最初的造宫大夫藤原小黑麻吕在开工不久后也去世了，然后由和气清麻吕代之，各项工程继续推进，并没有因为藤原小黑麻吕的去世而停止平安京的建设。在长冈京一章中我已经介绍过，其实迁都平安京还有一些深层次的原因。但非常遗憾的是，《日本后纪》中关于平安迁都的内容已经散失，除此之外，其他史书亦无关于平安迁都缘由的记载，所以就使得我们更加难以弄清为何要迁都平安京了。

但是，平安迁都在表面上呈现出的原因却是非常简单的，主要理由有两点：一是为了交通便利；二是因为风景优美。延历十三年（794）十月二十八日桓武天皇在诏书中写道："葛野大宫地山川优美，且便于四方各国百姓前来。"

综合各种史料中关于平安迁都的记载，我们大致可以弄清其整个过程。前文已述，在藤原种继去世后，长冈京的建设陷入窘境，延历十年（791）九月，朝廷不得不采取下策，命诸国拆毁平城宫的各座宫门，然后搬到长冈宫重建。四个月后，延历十一年（792）正月，桓武天皇行幸葛野郡。虽然史书中将其简单地记作是一次行幸，但是根据《和气清麻吕传》的记载，此次行幸是在和气清麻吕的奏请下实现的。当时，和气清麻吕看到长冈京的建设难以取得进展、花费难以计数，于是就暗地里奏请桓武天皇去相看葛野之地，计划把都城迁往葛野。可以说，延历十一年（792）正月的此次行幸的真实目的是去查看一下新都的候选地。是年五月、九月和十一月，桓武天皇又三次行幸葛野。延历十二年（793）正月十五日，桓武天皇派遣大纳言藤原小黑麻吕和左大辨纪古佐美等去相看葛野郡宇太村的土地。很明显，这一切动作其实都是为了迁都。正月二十一日，长冈宫出现坍塌的危险，于是桓武天皇只能迁到东院居住。距派使相看宇太村仅过去了七日就出现此般情况，这也足以看出当时迁都的迫切程度。

可以说，当时迁都平安京的计划在内部已经成熟，所以随着迁都诏书的颁布，所有的计划开始火急火燎地执行，尽管其中仍有异议，却已无暇顾及。延历十二年（793）二月二日，桓武天皇派参议壹志浓王等将迁都之事奉告贺茂大神。三月初一，桓武天皇巡幸新京，对划入新宫宫城范围内的三十四町土地上的百姓给予补偿。三月十日，桓武天皇又派壹志浓王等前往伊势，奉币太神宫并奉告迁都之事。三月十二日，桓武天皇下令要求五位以上（诸司主典以上）的官员都要为平安宫的建设提供役夫。三月二十五日，桓武天皇拜祭天智天皇、冈宫天皇和光仁天皇的皇陵，向其奉告迁都之缘由。天智天皇即桓武天皇的曾祖父。冈宫天皇是桓武天皇的祖父，本为施基亲王，生前没有登基，死后被追封为冈宫天皇。光仁天皇是桓武天皇的父亲。七月二十五日，桓武天皇视察新宫，赏赐造宫使等大小官员。当时的造宫使是谁至今还不清楚，不过已知的造宫大夫是北家房前之孙藤原小黑麻吕，造宫亮（次官）为菅野真道。菅野真道和皇太夫人高野新笠一样，都是百济人氏，延历十四年（795）二月被任命为造宫亮。和气清麻吕最初是侍候中宫高野皇太夫人的中宫大夫，后来在藤原小黑麻吕去世后被任命为造宫大夫。此外，和气清麻吕的姐姐和气广虫（法均尼）、藤原小黑麻吕的儿子藤原葛野麻吕也都直接或间接地参与了迁都或造宫的事宜。

延历十二年（793）八月十日，朝廷下令禁止在新京周围的诸山埋葬尸体、砍伐树木等。早在延历十一年（792）八月，朝廷就曾禁止在纪伊郡深草山的西南方向埋葬尸体，当时主要是为了长冈京。后来在确定长安京的建都地点后，深草山的西南也就变成长安京附近了。延历十二年（793）八月二十六日，桓武天皇再次视察新京，并于当日傍晚返回长冈宫。九月二日，平安京的街区规划完成，桓武天皇命菅野道真和藤原葛野麻吕等将新京的宅地分给各大臣。十一月二日，桓武天皇第三次视察新京，下榻右大臣藤原继绳的别墅，赏赐五位以上的官员衣服。藤原继绳的别墅位于高桥津，桂川河畔，可能在平安京之前就已经存在。延历十三年（794）元旦，由于长冈宫坍塌，桓武天皇取消了群臣朝贺之仪。四月二十八日，桓武天皇第四次视察新京，同样下榻藤原继绳在高桥津的别墅。六月，新京的各项设施基本建设完毕，朝廷命诸国的役夫五千人清扫新京。七月一日，长冈京的东西两市和所有的商人一并被迁到新京。至此，长冈京事实上已经变成了一座空城，而平安京则变成了一座繁华的都市。七月九日，桓武天皇赐给高野夫人的百济王氏姻亲即和气广虫等共计十人，每人稻一万一千束，用来在新京建造住宅。九月二十八日，桓武天皇命人将迁都和征夷之事告知诸国的名神。十月十二日，桓武天皇正式乘车辇迁往平安京。至此平安迁都变为现实。十月二十八日，桓武天皇发布前文所述的夸赞新京景色优美、交通便利的诏书，同时宣布免除日爱宕和葛野二郡本年度的田租，并决定提升贺茂神和松尾神的位阶。十一月一日，桓武天皇诏曰："山势实合前闻，云云。此国山河襟带，自然作城。因斯形胜，可制新号。宜改山背国为山城国。又子来之民，讴歌之辈，异口同辞，号曰‘平安京’，今宜从之。”又曰：“近江国滋贺郡古津者，先帝旧都。今接辇下，可追昔号改称‘大津’，云云。”

当时虽然实现了迁都，但是宫城尚未完工。延历十四年（795）正月，由于大极殿尚未建成，所以取消了当年的朝贺之仪。正月十六日，桓武天皇在紫宸殿赏宴侍臣。有侍臣踏歌曰：

山城显乐旧来传，帝宅新成最可怜。
郊野道平千里望，山河檀美四周连。
新京乐，平安乐土万年春。
冲襟乃眷八方中，不日爰开亿载宫。
壮丽裁规传不朽，平安作号验无穷。
新年乐，平安乐土万年春。
新年正月北辰来，满宇韶光几处开。
丽质佳人伴春色，分行联袂舞皇垓。
新年乐，平安乐土万年春。
卑高泳泽洽欢情，中外含和满颂声。
今日新京太平乐，年年长奉我皇庭。
新京乐，平安乐土万年春。

延历十五年（796）正月初一，新宫的大极殿终于建成，桓武天皇坐在宝座上接受了群臣的朝贺。不过此时整座宫城的建设仍未完工。七月，桓武天皇任命造宫大夫，宣布造宫职的官位参照中宫职执行。延历十六年（797），朝廷命远江、骏河、信浓、出云等国征募役夫两万四千人参与宫城建设。即便动用如此多的人力，直至延历十八年（799），丰乐院仍未建成，桓武天皇只好命人在大极殿前的龙尾道上搭建临时性的殿宇用来赐宴他国来使及五位以上的官员。延历二十四年（805），造宫职一职被废止。

当时，征夷和造宫之事连年不休，百姓负担沉重、苦不堪言，桓武天皇体恤百姓之疾苦，毅然决定废除造宫职。在颁布给公卿的圣旨中，桓武天皇明确表示“营造未已，黎民或弊。念彼勤劳，事须矜恤。加以时遭灾疫，颇损农桑。今虽有年，未闻复业。宜量事优矜，令得存济”。对此，延历二十四年（805）十二月七日，公卿共同上奏拯救时弊之议。是日，桓武天皇命中纳言藤原内麻吕主持，参议藤原绪嗣和菅野真道直接在朝堂上论天下之德政。藤原绪嗣言：“方今天下所苦，军事与造作也。停此两事，百姓安之。”菅野真道对此持有异议。但是，桓武天皇同意藤原绪嗣的观点，于是下令废除了造宫职。十二月十日，原造宫职的一些事务并入木工寮，导致木工寮的工作立马变得繁多起来。大同元年（806）二月三日，木工寮增加六名史生[1]，史生总数增加到十二人。当时虽然废除了造宫职，但一些小规模的建设项目依然在进行。

1. 译者注：史生为日本古代律令制度下仅次于四等官主典的官职，负责文书写作等工作。

迁都平安京后，长冈京就彻底被废弃了，当年的京内之地也逐渐变为一片田园。桓武天皇经常会将长冈京内的田地赐给王公大臣。延历十六年（797）正月，桓武天皇赐给菅野真道一町长冈京的土地。二月，赐给大伴亲王（后来的淳和天皇）两町土地。三月，赐给多治比邑刀自五町土地、赐给大田亲王一町土地。延历十八年（799）正月，赐给藤原奈良子一町土地。七月，赐给菅野池成一町土地。

以上介绍了迁都的表面经过，至于为何在长冈京尚未建成、财政极度困难的情况下又去建造新京，以及为何长冈京没有成功而平安京却顺利建成了，这一切都还不得而知。不过，就如同我在前文中所说的，要想了解迁都长冈京的深层次原因，就必须对藤原种继进行仔细研究一样，要想解开以上谜团就必须对首任造宫大夫藤原小黑麻吕和继任造宫大夫和气清麻吕进行仔细研究才行。

11.2 平安迁都的真相

解决平安迁都谜团的第一把钥匙在《清麻吕传》中。据《清麻吕传》记载，当长冈京的建设陷入停滞状态后，藤原清麻吕潜奏桓武天皇建议迁都，然后奉天皇之命以游猎为借口查看葛野之地，最终决定将新都迁至此地。《清麻吕传》中用了“潜奏”二字，据此也可以看出此事的机密程度。总之，藤原清麻吕自一开始就与平安迁都有着密切关系，这是毋庸置疑的。藤原清麻吕在奈良朝末期曾和藤原百川等共同排斥道镜，后来出任中宫大夫，专门服侍高野皇太夫人，进而出任民部卿兼造宫大夫，是一个在政治上人脉很广的人物。

另一位和平安迁都有着密切关系的人物是藤原小黑麻吕。他是北家[2]藤原房前之孙，与属于式家[3]藤原宇合系统的藤原种继等的关系比较远。前文已述，大伴、佐伯等旧家诸氏暗杀了藤原种继。此事最终还牵扯到皇太子早良亲王，导致早良亲王的皇太子之位被废。早良亲王绝食十日但未亡，最终在流放淡路的途中悲惨离世。早良亲王是桓武天皇的亲弟弟，同为高野皇太夫人所生。和桓武天皇一样，早良亲王能够被定为皇太子，也与藤原百川有着直接或间接的关系。但是，既然藤原百川对早良亲王有恩，早

2. 译者注：北家是藤原氏的四家之一，藤原不比等的次子藤原房前的子孙。
3. 译者注：式家是藤原氏的四家之一，藤原不比等的第三子藤原宇合的子孙。

良亲王为何又要暗杀百川的侄子藤原种继呢？要想弄清这一谜团，真的是非常困难。据《水镜》[4]记载，桓武天皇喜欢外出游幸，每次外出期间都会将政事交予皇太子早良亲王处理。有一次，皇太子想任命佐伯今毛人为参议，但遭到了藤原种继的反对，最终佐伯今毛人没有当上参议。后来，桓武天皇回来后，藤原种继向其汇报了此事，天皇将佐伯今毛人降职为从三位。皇太子因此对藤原种继怀恨不已，亲自向桓武天皇请求杀掉藤原种继，但天皇并没有听取他的意见，反而剥夺了他参与政事的权力。这样一来，皇太子对藤原种继更为憎恨，最终做出了暗杀藤原种继之举。历史上，大伴、佐伯之徒一直就是时代的反抗者，历来对藤原氏的荣达持反对态度。与橘奈良麻吕合作，计划除掉藤原仲麻吕的就是他们这一拨人。与藤原良继合作，计划杀掉惠美押胜[5]的也是他们这一拨人。暗杀藤原种继一事，起因在佐伯今毛人，但大伴家持也有参与，表面上看来似乎是因为佐伯今毛人没有升为参议，但其内里还有着更为深层次的原因。皇太子早良亲王也因为与大伴、佐伯为伍，所以才导致了自己悲惨的人生结局。毫无疑问，此事对高野皇太夫人的打击特别大。为此，桓武天皇特意为高野皇太夫人设置了中宫职，并任命和气清麻吕为中宫大夫专门服侍

4. 译者注：《水镜》为日本的历史故事集，记录了自神武天皇至仁明天皇共五十四代天皇的故事。

5. 译者注：藤原仲麻吕和惠美押胜实为一人，最初名为藤原仲麻吕；淳仁天皇即位后，被赐名惠美押胜。

皇太夫人。和气清麻吕精于古事，曾编撰《民部省例》二十卷，后来又奉高野皇太夫人之命编纂《和氏谱》。和氏为高野皇太夫人的本姓。与高野皇太夫人有着如此关系的和气清麻吕，计划毁掉与皇太子早良亲王作对的藤原种继的事业，重新建一座都城，借此来慰藉早良亲王的幽魂，同时也可以宽慰高野皇太夫人受伤的内心。早良亲王的结局实在是太悲惨了，所以传说后来他化作了幽灵来到人间作祟，导致很多人得瘟疫而死。延历十一年(792)，皇太子安殿亲王（后来的平城天皇）染病，占卜得知为早良亲王作祟。桓武天皇为了安慰早良亲王的亡灵，追封其为崇道天皇，并且专门为其建造了神社加以祭祀。此处尤其需要注意的是，延历十一年（792）同时也是发起迁都平安之议的一年。菅野真道和高野氏一样，同属从百济渡来的种族，他能够参与造宫之事应该与高野皇太夫人多少也有着一些关系。

不过话说回来，即便和气清麻吕再为早良亲王和高野皇太夫人着想，但是在当时的财政状况连长冈宫的完成都难以保证的严峻形势下，他无论如何都不可能轻易提出迁都之议。这里我们不得不提另一个迁都的关键人物，那就是藤原小黑麻吕。前文已述，藤原种继因为与富豪秦氏的姻亲关系，仰仗着秦氏的资助才发起了迁都长冈京之议。与此相同，藤原小黑麻吕也因为与秦氏的姻亲关系得到了秦氏的资助，这才使得他有底气推动迁都平安京。藤原小黑麻吕的妻子是秦忌寸岛麻吕的女儿。秦忌寸岛麻吕因为出资修建恭仁宫的宫墙有功，被赐姓太秦，授官从四位下。从藤原小黑麻吕的儿子藤原葛野麻吕用其母亲的故乡葛野来命名可以看出，当时秦氏与藤原小黑麻吕的关系应该非常密切。从秦忌寸岛麻吕被赐姓太秦、秦川胜的广隆寺又被称为太秦寺来看，秦忌寸岛麻吕可能是秦川胜的直系后裔，可能也是他继承了秦氏的猗顿之富[6]。据《拾芥抄》中收录的《天历御记》记载，今天平安宫的大内里即秦川胜宅邸的旧址，紫宸殿前的橘木原本是在秦川胜的宅院内。秦川胜奉圣德太子之命建造广隆寺，虽然此寺今天位于京都市西部的太秦地区，但这肯定是后来不知何时移到了此处，据《朝野群载》记载，广隆寺最初是位于荒见川附近，即今天的纸屋川附近，大致位于今天北野神社和平野神社所在的位置，秦川胜应该是在自己宅邸的附近修建了广隆寺。北野即大内里的北侧原野，这样算来，秦川胜的宅邸极有可能就位于后来的大内里一带。

自古以来，秦氏在山城北部地区就非常有势力。从地理位置上来看，秦川胜一族与平安京也应该有着很深的渊源。另外，秦忌寸岛麻吕作为秦川胜的直系后裔，很可能继承了后来平安京的大内里这片土地。根据造宫职长官藤原小黑麻吕娶秦忌寸岛麻吕的女儿为妻、秦忌寸岛麻吕所拥有的秦川胜旧邸之地被选作新宫

6. 译者注：猗顿之富为中国成语，泛指拥有巨额财产。猗顿：春秋时鲁国人，以经商起家，拥有巨富。

的建设地，再综合考虑秦氏为恭仁京和长冈京的建设捐献了大量资金，我们可以大胆地猜测，秦忌寸岛麻吕应该也为平安京的建设捐献了大量资金。长冈京营造了十年未获成功，耗费的财力难以计数，在财力难以为继的情况下陷入不得不中止的窘境。但是后来同样在国库空虚、财力不济的情况下，迁都平安京却是因为迁到了秦氏最有势力的一片土地上，反而非常顺利地完成了，这真的不能不说是历史上的一大奇怪现象。出现这一现象的原因除了上文中介绍的内容外，似乎也没有其他的解释。也就是说，和气清麻吕因为反对藤原种继的所作所为，所以鼓动娶富豪秦氏之女为妻的藤原小黑麻吕，让他劝说秦氏捐资修建平安京。后来在秦氏的巨额资助下，平安京顺利建成。

此外，藤原小黑麻吕的皇后宫大夫身份也需要我们予以格外关注。当时的皇后是内大臣藤原良继的女儿藤原乙牟漏，她是平城和嵯峨两天皇的生母。藤原良继是一个很有侠义精神的人，他和佐伯今毛人、大伴家持等密谋暗杀惠美押胜，事情暴露后，藤原良继将所有的罪责揽到自己一个人身上，从而使得佐伯今毛人等被免于处罚。后来，佐伯今毛人成为藤原良继的女儿藤原乙牟漏的皇后宫大夫。此人由于遭到藤原种继的反对，没有升为参议，于是怀恨在心，后来联合大伴、佐伯之徒暗杀了藤原种继，并连累早良亲王被废黜皇太子身份。佐伯今毛人的皇后宫大夫一职的继任者为石川名足，然后就是藤原小黑麻吕。通过这种关系也可以看出，藤原小黑麻吕的内心深处应该也潜藏着反对藤原种继的情绪。更何况当时藤原百川的女儿藤原旅子和藤原种继的妹妹藤原正子都是桓武天皇的女御，与皇后藤原乙牟漏形成了竞争关系，这就使得藤原小黑麻吕更有必要来推动迁都，借此来打压藤原种继遗留下来的势力。

总之，反对藤原种继的中宫大夫和气清麻吕利用废太子早良亲王的幽灵作祟造成皇太子安殿亲王得病的大混乱之机，在暗中奏请桓武天皇建议迁都平安京。和气清麻吕的朋党中居第一位的就是同样处于藤原种继对立面的藤原小黑麻吕，他的妻子为秦忌寸岛麻吕的女儿，此种亲密的姻亲关系使得秦氏愿意捐出自家的老宅地和巨额的资金来资助迁都。当时秦氏得到的报酬是什么？双方有何约定？这一切至今都还不清楚。现在修建铁路时，有富豪或相关的町村考虑到铁路会带来交通便利，会大幅提升相邻地区的地价，会给自己带来直接或间接地好处，所以愿意无偿提供车站的建筑用地，并且愿意提供各种各样的便利。同样的道理，千百年前秦氏愿意捐地捐资来兴建平安京应该也是出于这样的考虑。

桓武天皇之所以同意和气清麻吕的密奏，树立了迁都的决心，并派他亲自前往当地勘察，与在经费上已经得到了保障有着很大的关系。另外，相信废太子早良亲王的幽灵作祟也是促成迁都平安京的一个重要原因。早良亲王去世后没多久，长冈京内就发生了瘟疫，皇太子安殿亲王也一病不起，有传言说是早良亲王的幽灵作祟，所以才带来了瘟疫。当时的人都非常迷信，受此影响，无论是桓武天皇，还是中宫高野新笠夫人、皇后藤原乙牟漏等都不可能在长冈京继续安居下去。

以上两个原因我们暂且不论，单是平安京所处的战略要害位置和其秀美的山川风光也足以打动桓武天皇树立迁都的决心。平安之地东毗鸭川，西临桂川，东西北三面青山环绕，东北有比睿山，西北有爱宕山，两山相对而立呈隅橹[7]状，南方是一片平原，直达巨掠池。这不仅满足了天子“南面而治”的惯例，而且还是一块山河襟带自然成城的宝地。当时的巨掠池要比今天大得多，东侧可达宇治山，西侧可达男山，使得整个山城北部地区自成一体。在中世以后，宇治、势多、一口、淀和山崎等都是军事要地，为阻挡东国的来犯之敌发挥了巨大作用。在那个时代，巨掠池面积是非常大的，这些军事要地在防御上的优势也就更加明显。此外，桓武天皇还是一个喜欢山水美景之人，他经常到各地游猎或游览，在历代天皇中像他这般喜欢游幸的天皇绝无仅有。桓武天皇曾亲自视察新京建设用地，并在诏书中写道“山势与前闻吻合”。据此也可以看出，平安京的战略位置和风景之美应该是颇得桓武天皇的欢心。平安京的风景自古就比较优美，所以右大臣藤原继绳

7. 译者注：隅橹为日本的专有名词，类似于中国宫城建筑中的角楼。文中是指比睿山和爱宕山就如同是平安京的两栋角楼。

等人才会在葛野川河畔修建别墅。前文已述，延历十一年（792）五月，桓武天皇行幸平安京时就是住在藤原继绳的别墅。藤原继绳是藤原百川的弟弟藤原藏下麻吕的儿子，延历八年（789）升任右大臣，是当时的内阁首辅。藤原继绳性情温厚，与世无争，史官对他的评价是“恭谦自守，不闻政绩，虽无才识，但也因此免于世间毁谤”。可以说，平安迁都一事藤原继绳并没有参与太多。虽然他与藤原百川和藤原种继等同属老谋深算的式家，但在整个迁都过程中他并没有提出反对意见。对于别墅已在葛野的藤原继绳来说，将都城迁到此地当然是好事，他不可能去反对。

前文已述，延历十三年（794）七月，桓武天皇赐给和气清麻吕的姐姐和气广虫和皇太夫人高野氏的姻亲百济王氏的有关人员各为稻一万一千束，让他们在新京建造住宅。延历十五年（796）九月，桓武天皇将纪伊郡的两町土地赐给和气广虫，将葛野郡的两町土地赐给和气清麻吕。和气清麻吕在继藤原小黑麻吕之后出任造宫大夫，可以说整个平安宫的建设基本都是他的成就。不过话说回来，迁都平安京自然会引起藤原百川和藤原种继之朋党的不快。延历二十四年（805），桓武天皇问询德政，藤原百川的儿子参议藤原绪嗣对继续营造平安宫表示反对，并主张废除造宫职。但是，自一开始就深度参与迁都事宜，并且出任造宫亮的百济王氏参议菅野真道对藤原绪嗣的主张表示强烈反对。藤原种继集叔父藤原百川的遗勋于一身，在迁都长冈京的过程中达到了自己权力的顶峰，但后来惨遭暗杀，作为其堂弟的藤原绪嗣对其充满了同情，自然对菅野真道等人力推的迁都平安之事持冷淡和反对的态度。后来，藤原种继的儿子藤原仲成和女儿藤原药子得到平城上皇的宠幸后，他们极力撺掇上皇将都城迁回平城，这其中也多少包含着两人反对平安迁都的意味。

11.3 平安京的沿革

平安京的中央是朱雀大街，左右两京位列两侧，纵横交错的大小道路把整个京城分割得如棋盘一般，宫城位于朱雀大街的最北段，平安京的整体规划大致与平城京相仿。在平城京中，东京（左京）在发展过程中变得越来越繁华，直至今日其部分街区依然在奈良市中得以保存，而西京（右京）则在很早之前就已经荒废了。也就是说，整个平城京的发展呈现出西衰东盛的特点，而且这一特点在平安京中也表现得尤为明显。承和年间（834—847），即距离迁都仅仅过去了四十余年的时间，平安京的西京（右京）就已经呈现出衰败的迹象，人们开始不断地向东京（左京）集聚。根据承和九年（842）十月西市司的上奏文可知，当时的西市已经甚为萧条，而东市则变得非常繁荣。其实在此之前，承和二年（835），太政官曾专门出台政策来拯救西京的疲敝，将东西两市所能够贩卖的物品严格进行区分，要求锦、绫、绢、粗布、丝、棉、苎麻、染物、衣物、麻绳、针、梳子、皮革、腰带、旗幡、油、陶器、绢冠和耕牛等只能在西市专卖，希望借此来吸引顾客、减弱住民的流失，来人为地维持西市的繁荣。但是在承和七年（840），东市司对专卖政策提出异议，要求在东市也可以贩卖以上所列的所有物品。朝廷最终取消了西市的专卖，这就导致城内的百姓都迁到了东京，而且大部分物品交易也都迁到了东市。受此影响，西市逐渐变得空虚化，无论是官方机构还是市井生活都变得非常萧条。于是，西市司又上书言西市的严峻形势。为挽救西市，朝廷又恢复了专卖制度。但这仅是朝廷强制性的政策，最终还是无法阻挡住西衰东盛的大势。

承平九年（842）之后又过了七十余年，到延长年间（923—930），关白[8]藤原忠平在左京京外、九条南鸭川的东侧修建法性寺。法性寺殿宇恢宏，朝廷特意将其纳入定额寺[9]，并钦命住持。可以看出，当时京城的繁华已经越过鸭川，延伸到洛外[10]地区。

天庆五年（942）四月，朝廷曾根据各条居住的人数来发放赈灾钱款，根据当时所发放的具体数额，我们大致可以推算出当时各条居住人数的多寡。总体来说，当时发放的赈灾钱款是左京多，右京少。左京一条及北部地区是贵族和豪绅的居住地，所以接受赈济的贫民较少，所以在一条方面，右京是远远多于左京。但是，自二条以下则是左京遥遥多于右京。当时的具体数额大致如下：

	一条	二条	三四条	五六条	七八九条	总计
左京	七贯文	六贯文	七贯文	八贯文	十九贯文	四十七贯文

8. 译者注：关白为日本古代职官，本意源自中国，经遣唐使引入日本，逐渐成为日本天皇成年后，辅助总理万机的重要职位，相当于中国古代的丞相。
9. 译者注：日本朝廷为防止滥设私寺，乃限制一定数额之寺院为官寺，称为定额寺。自奈良朝以来成为一种寺格，颇受朝廷礼遇。
10. 译者注：日本京城的别称为洛阳，洛外就是指京城之外的意思。

右京	十三贯文	五贯文	六贯文	四贯文	十二贯文	四十贯文
备注	包括赈济给一条更北侧和监狱的费用	包括赈济给悲田院[11]的费用				

如果仅计算二条以下的赈济数额，那左京是四十贯文，右京是二十七贯文，右京约为左京的三分之二。可以看出，右京的北部人口较多。如何会形成这一现象，原因至今不明，即便是今天的京都，也是西北部发展得比较好，而西南部则变成了乡下，可以说西北部的繁荣从天庆年间一直延续到了现在，这不能不说是一大奇观。在此需要注意的是，以上所赈济的数额仅是根据接受赈济的贫民人数而得出的，并不能仅凭此对两京的总人口进行比较。通常来说，贫民大致会困守在某一贫困地区难以移动，而富豪贵绅等则多会向充满人气的左京聚集。即便是在这样的大趋势下，在富豪众多的左京接受赈济的贫民也远远大于右京，据此可以看出当时左京的总人口应该是远远大于右京。

天庆五年（942）之后又过了四十年，即圆融天皇的天元五年（982），庆滋保胤作《池亭记》，其中明确记载了当时西衰东盛的社会现状。《池亭记》的全文如下：

予二十余年以来，历见东西二京。西京人家渐稀，殆几幽墟

11. 译者注：悲田院是日本古时官方设置的收容乞丐的机构。

矣。人者有去无来，屋者有坏无造。其无处移徙，无惮贱贫者是居。或乐幽隐亡命，当入山归田者不去。若自蓄财货，有心奔营者，虽一日不得住之。往年有一东阁，华堂朱户，竹树泉石，诚是象外之胜地也。主人有事左转，屋舍有火自烧，其门客之居近地者数十家，相率而去。其后主人虽归，而不重修。子孙虽多，而不永住。荆棘锁门，狐狸安穴。夫如此者，天之亡西京，非人之罪，明也。

东京四条以北，干艮二方，人人无贵贱，多所群聚也。高家比门连堂，小屋隔壁接檐。东邻有火灾，西邻不免余炎。南宅有盗贼，北宅难避流矢。南阮贫，北阮富，富者未必有德，贫者亦犹有耻。又近势家，容微身者，屋虽破不得葺，垣虽坏不得筑，有乐不能大开口而笑，有哀不能高扬声而哭。进退有惧，心神不安，譬犹鸟雀之近鹰鹯矣。何况初置第宅，转广门户，小屋相并，小人相诉者多矣。宛如子孙去父母之国，仙官谪人世之尘。其尤甚者，或至以狭土，灭一家愚民。或卜东河之畔，若遇大水，与鱼鳖为伍。或住北野之中，若有苦旱，虽渴乏无水。彼两京之中，无空闲之地欤。何其人心之强甚乎。

且夫河边野外，非啻比屋比户，兼复为田为畠。老圃永得地以开亩，老农便堰河以溉田。比年有水，流溢隄绝。防河之官，昨日称其功，今日任其破。洛阳城人，殆可为鱼欤。窃见格文：“鸭河西，唯免耕崇亲院田。自余皆悉禁断。以有水害也。”加以东河北野，四郊之二也。天子迎时之场，行幸之地也。有人纵欲居欲耕，有司何不禁不制乎。若谓庶人之游戏者，夏天纳凉之客，已无渔小鲇之涯。秋风游猎之士，又无臂小鹰之野。夫京外时争住，京内日陵迟。彼坊城南面，荒芜眇眇，秀麦离离。去膏腴，就垸埆，是天之令然欤，将人之自狂欤。

予本无居处，寄居上东门之人家，常思损益，不要永住。纵求不可得之。其价值，二三亩千万钱乎。予六条以北，初卜荒地，筑四垣，开一门，上择萧相国穷僻之地，下慕仲长统清旷之居。地方都卢，十有余亩。就隆为小山，遇洼穿小池。池西置小堂安弥陀，池东开小阁纳书籍，池北起低屋着妻子。凡屋舍十之四，池水九之三，菜园八之二，芹田七之一。其外绿松岛、白沙汀、红鲤、白鹭、小桥、小船，平生所好，尽在其中。况乎，春有东岸之柳，细烟袅娜。夏有北户之竹，清风飒然。秋有西窗之月，可以披书。冬有南檐之日，可以炙背。

予行年渐垂五旬，适有小宅。蜗女其舍，虱乐其缝。鷃住小枝，不望邓林之大。蛙在曲井，不知沧海之宽。家主职虽在柱下，心如住山中。官爵者任运命，天之工均矣。寿夭者付乾坤，丘之祷久焉。不乐人之为风鹏，不乐人之为雾豹。不要屈膝折腰，而求媚于王侯将相。又不要避言避色，而刊踪于深山幽谷。在朝身暂随王事，确家心永归佛那。

予出有青草之袍，位虽卑，职尚贵。入有白纻之被，暄于春，洁于雪。盥漱之初参西堂，念弥陀，读法华。饭餐之后入东阁，开书卷，逢古贤。夫汉文皇帝为异化之主，以好俭约安人民也。唐白乐天为异代之师，以长诗句归佛法也。晋朝七贤为异代之友，以身在朝志在隐也。予遇贤主，遇贤师，遇贤友。一日有三遇，一生为三乐。近代人世之事，无一可恋。人之为师者，先贵先富，不以文次，不如无师。人之为友者，以势以利，不以淡交，不如无友。予杜门闭户，独吟独咏。若有余兴者，与儿童乘小船，叩舷鼓棹。若有余暇者，呼僮仆入后园，以粪以灌。我爱吾宅，不知其他。

应和以来，世人好起丰屋峻宇，殆至山节藻税。其费且巨千万，其住才二三年。古人云："造者不居。"诚哉斯言。予及暮齿，开起小宅，取诸身量于分，诚奢盛也。上畏于天，下愧于人。亦犹行人之造旅宿，老蚕之成独茧矣。其住几时乎。嗟呼！圣贤之造家也，不费民不劳鬼。以仁义为栋梁，以礼法为柱础，以道德为门户，以慈爱为垣墙，以好俭为家事，以积善为家资。居其中者，火不能烧，风不能倒，妖不得呈，灾不得来，鬼神不可窥，盗贼不可犯。其家自富，其主是寿，官位永保，子孙相承，可不慎乎。

天元五载，孟冬十月，家主保胤，自作自书。

《池亭记》清楚地记录了当时京都的情形，可以看到当时人口向左京的聚集已经达到了惊人的程度。庆滋保胤文中的池亭位于左京六条坊门之南、町尻之东，即今天五条南侧、新町的东侧。

在庆滋保胤作《池亭记》后约四十年，曾放言"此世即吾世，如月满无缺”的御堂入道[12]动用诸国上交的税收修建了一座美轮美奂的法成寺，据说当时修建的时候御堂入道亲自监督，要求即便是公事暂缓也不能减慢建寺的进度。法成寺位于近卫的北侧、京极之东，即今天寺町之东、荒神口的北端、府立高等女学校的北边。可以看出，在当时人为因素的影响下，平安京左右两京的差距日益拉大。

此外，左大臣河原源融的河源院位于六条坊门之南、京极之西，即今天的五条南侧、寺町的西侧。太政大臣藤原良房的染殿第位于正亲町之南、京极之西，即今天京都御所内的梨木神社的西侧。鹰司殿、正亲町殿、高仓殿、大炊殿、二条殿、押小路殿、三条坊门殿、高松殿、三条殿、六条殿、高阳院和上东门院等高官显贵的宅邸大都位于左京。自庆滋保胤所处的时代往后，左京的繁华仍在继续，并且日益变得兴盛。

在鸭川以东，也就是所谓的洛外地区，贞信公藤原忠平在其南部修建了法性寺，之后一系列寺院和贵族豪绅的别墅宅邸等也都在这一地区得以兴建。尤其是在洛外的白河地区，白河南殿、白河北殿和“六胜寺”的建立更是增加了这一地区的人气。白河原为河流名称，发源于今天的白川村，经神乐园以东，在四条的北端注入鸭川。白河上流流经花岗岩山体，受流水的冲刷作用导

12. 译者注：御堂入道即藤原道长，日本平安时代的公卿、权臣，关白藤原兼家第五子。太政大臣藤原道隆之弟。995年成为藤氏长者，最为有名的事迹是一家立三后，三名女儿藤原彰子、藤原妍子与藤原威子皆为皇后。

致河底沉淀下大量的白砂，因此得名白河。后来白河所流经的地区也被统称为白河，逐渐演变成一个地名，几乎成为整个洛外地区的代名词。今天的白川村即古时所谓的北白河。“六胜寺”是法胜寺、尊胜寺、圆胜寺、最胜寺、成胜寺和延胜寺的统称。这六座寺院集中分布在今天从圣护院、冈崎到三条这一带。前几年在冈崎举办第四次劝业博览会时，建筑工人从地下挖出了很多古瓦，这应该就是当时这些寺庙的遗迹。

平清盛在鸭川以东修建了六波罗第，将整个家族及家臣的宅邸集中于此，北达五条即今天的松原，南至七条，东延伸至山中，总面积据说达到了二十余町、共有五千二百余户。今天的大佛方广寺、妙法院、智积院和博物馆等，皆位于当时六波罗第的范围内。镰仓时代在此设南北两六波罗馆，任命六波罗探题[13]，执掌京都、洛外和西国的政事。

室町幕府三代将军足利义满结束了南北朝近半个世纪的对立，在京都左京京北室町北部，即今天今出川以北地区，修建宅邸花御所。之后，武家的宅邸大都集中在花御所附近，导致京都市区向东北京外进一步延伸。应仁之乱时，京都被烧为一片废墟，

13. 译者注：六波罗探题是镰仓幕府继京都守护之后，在京都的六波罗地方所设的行政机关首领，主要的任务是监视朝廷、统辖西国的御家人。此官职原本只称为“六波罗”，镰仓时代末期才开始加上佛教式“探题”的雅号。由于镰仓位于日本关东，而当时的都城在关西，所以六波罗探题相当于镰仓幕府在西日本的代表，位高权重。

旧时的规划荡然无存，整个城区显得混乱不堪。天正年间（1573—1591），丰臣秀吉力求复兴京都，重新对市区进行了规划。当时的京都，右京除西北部还留有一部分外，其他的所有条坊都已经湮灭殆尽，而左京受室町幕府的影响则进一步向北方扩张。其趋势直到今天依然在继续。旧时的朱雀大街（今日的千本通）以西的广大地区几乎都变成了一片田地。经过应仁战乱后，整个京都可以说是惨不忍睹。据《应仁记》记载，应仁元年（1467）六月六日，中御门、猪熊一带的一色五郎的宅邸率先起火，之后其他的九处地方也几乎同时起火，当时天刮南风，火借风势迅速蔓延。从南部的二条到北部的御灵辻，从东部的室町到西部的大舍人，整个京都陷入一片火海。数百余町、公家和武家的住宅三万余户化为乌有。除六月六日的这场大火外，还发生了数次火灾，大小神社佛寺、贵族豪绅的宅邸、平民的住宅等都被烧毁殆尽。据说当时仅有皇宫和室町幕府得以保留，不过历史上皇宫和室町幕府也是多次发生火灾。以上所述也正是奈良附近保留着很多古老的神社和寺庙等，而京都则没有什么古建筑能够保留下来的原因。当时的歌人饭尾彦六左卫门曾作和歌“夕阳映京都，云雀绕空飞，低头看余烬，不禁泪落下”，据此也可以看出应仁之乱后京都的惨状。

虽然皇宫在应仁之乱时并没有被焚毁，但是在后来的战国时代则是遭到了严重破坏。紫宸殿被毁。有人在左近桥下煮茶来卖。儿童爬到宫殿的椽檩上嬉戏。站在三条的桥上甚至可以看到内侍所的灯火。也就是说，在当时从三条到皇宫之间，已经没有任何能够遮挡住视线的建筑物。在这样的情况下，万里小路变成了柳马场、五条通变成了松原也是势在必然，可以说今天的地名很好地反映了旧时的情景。丰臣秀吉复兴京都时，将原本架于五条通之上的鸭川桥移到了南二町的六条坊门，此桥也因此成为直通东海道的主路的一部分。不过，由于原先位于五条通的鸭川桥实在是太出名了，所以在移到六条坊门后，人们依然沿用旧时的称呼，把六条坊门通称为五条通，而真正的五条通则变成了松原。另外，今天的寺町通即古时的东京极。丰臣秀吉在对市区进行重新规划时，将原先散布于市内的很多寺院全都移到了东京极外的鸭川河滩，因此得名寺町。明治十七八年，政府在三条誓愿寺和四条通之间规划了一处里町，冠以新京极之名，很多戏园子开设其中，今天已经成为京都最为繁华的地区。人们习惯将新京极简称为京极，而忘却了真正的京极本应是现在的寺町这一事实。我相信在京都这样的地名变迁应该不在少数。

丰臣秀吉在复兴平安京时，将右京的大部分地区都摒弃在了城郭之外。在当时，左京京北地区发展得不错，受室町幕府的影响，北京极向北延伸了很远，要比今天京都市的最北端还要远。丰臣秀吉将这一大片地区全都划入了城郭之内。丰臣秀吉在城郭周围筑土垒，土垒外面挖护城河。这些防御设施通常被称为“土居”，近年来陆续被拆除了很多，仅有一小部分得以保留下来，在今天的西院村附近我们还可以看到保存完好的土垒和护城河遗址。土垒的宽有八九间[14]，护城河的宽度也大致相仿。土垒的外侧陡、内侧缓，便于御敌，其形制主要是借鉴了中国都城的建设经验，同时对古时的罗城也有模仿。土垒和护城河从东北角的出町口开始，沿着鸭川斜向西北到达西鸭，然后绕过紫竹大门将今宫、紫野、船冈山、北野等包围在内，在西堀川通附近与一条大路相交，然后沿堀川通向南，再从五条坊门向东，到达朱雀大街以西一町左右的千本通后转向南，然后一直通到七条通的北端，再沿着朱雀大街一直到九条的南京极，之后向东将东寺包围在内，再从油小路向北，到达梅小路后转为向东，然后从高仓向北，从七条通后沿着鸭川北上，最后在出町口合拢，总长度大约有七里。

丰臣秀吉还在内野修建了聚乐第，极其恢宏壮丽。内野即大内之野之意，指的是大内里被废弃后，经过长时间的变迁，最终蜕变成了一片原野。聚乐第从天正十三年(1585)至十五年(1587)，历经三年修建而成。在丰臣秀吉将关白之位让给养子丰臣秀次后，聚乐第就变成了丰臣秀次的宅邸。文禄四年（1595），丰臣秀次[15]自裁后，聚乐第也随之被废弃。聚乐第的存续仅有八年，但由于其建在了大内里的遗址上，所以对旧时宫城遗址的破坏极为

14. 译者注：间为日本古代的长度单位，一间大约等于现在的1.6米。

15. 译者注：丰臣秀次为丰臣秀吉的养子。丰臣秀吉的亲生儿子丰臣秀赖出生后，秀吉对秀次便不再信任，秀次后来做出很多不人道之事，以至于得了个杀生关白的绰号，1595年，丰臣秀次被流放至高野山，随即自裁，同年，其妻女共三十八人被丰臣秀吉斩于京都三条河原。

严重。平城宫距今已有一千二百余年，但我们依然可以看到当时宫殿的很多遗址，而平安宫虽然距今时间比平城宫短得多，但其遗址已经荡然无存。其主要原因就在于聚乐第的修建。

德川家康主政后，在二条通堀川以西修建二条城。二条城不仅是将军上洛时的住所，同时还起到了在京都宣示幕府的权威和以武力压制公家的作用。京都所司代[16]的宅邸亦位于二条城附近。受德川幕府的影响，二条城附近逐渐变得繁华起来，但是在王政复古[17]后，武家退出历史舞台，二条城也随之归于衰颓。在明治维新后，二条城一度被用作太政官的办公场所，后来又被用作京都府厅。昔日金碧辉煌的将军住所，今日却被用作官吏的办公场所，其惨状不可言喻。在京都府厅移到他处后，二条城被暂时空置，直到明治十七年（1884）又被用作天皇在京都的离宫。

平安宫的内里自桓武天皇建成后一直到村上天皇的天德四年（960），前后约一百六十七年，一直平安无事。然而在天德四年（960）九月二十三日，左兵卫阵突发大火，当时正刮东北风，火借风势很快就延烧到皇宫，除紫宸殿和清凉殿外，整个内里几

16. 译者注：京都所司代是幕府在京都的代表，负责幕府与朝廷的交涉，向朝廷传递幕府的指示；同时亦监察朝廷、公家贵族和关西地区各大名的举措，并将各地大名送呈天皇的公文先送交幕府审查。此外，京都所司代也负责京都治安、裁决近畿地区的诉讼和管理京都、伏见、奈良各地的町奉行。役高一万石，编制定员一名，一般由领地三万石以上的谱代大名中选任。

17. 译者注：王政复古，是指日本江户时代后期，废除江户幕府、政权移交朝廷的一次政变，是明治维新的一个高潮。

乎都化为灰烬，就连极为尊贵的神镜[18]亦被大火给烧了。此后，内里和朝堂等又发生过十余次火灾，不过大多数情况下都会在焚毁之后按原样重建。治承元年（1177）四月二十八日的大火烧毁京内住宅两万多栋，烧死数千人，除大极殿外，绝大多数宫殿都化为乌有，不过内里幸免于难。治承四年（1180）六月，在平清盛的谋划下，安德天皇突然宣布迁都福原，但很快又还幸平安京，接下来爆发了源平之战，整个平安京几乎陷于荒废。文治五年（1189），源赖朝奉敕重修大内，这是大内最后一次得以重修，但修好后很快又被烧毁了。建武中兴时，虽然也曾计划重修大内，但最后并没有付诸实施。随着时间的推移，原先的内里逐渐化为一片原野，这也就是所谓的“内野之原”的来历。

今天的京都御所是在原先里内里的基础上扩建而成，如果再往前追溯的话就是大纳言藤原邦纲的土御门高仓亭。治承四年（1180），高仓天皇让位后就搬到了土御门高仓亭，而且天皇和女院[19]等也会经常到这里拜访。土御门高仓亭俨然已经成了一个里内里。“里”指的是京城内、宫城外，所以“里内里”指的是在皇宫外设置的内里之意。在历史上，后醍醐天皇曾在此里内里

18. 译者注：日本皇室有三大神器：草薙剑、八咫镜和八坂琼曲玉，文中的神镜指的就是八咫镜。

19. 译者注：女院是指授给太皇太后、皇太后、皇后等或拥有相等地位女性的称号，这个制度由平安时代中期一直沿用至明治维新为止。“院”起初是指太上天皇，而“女院”则是指接受等同待遇的女性。受封者能得到仿效自上皇的礼遇，设置院厅，有别当、判官代、主典代等官职，任命藏人等。

接受禅让；光严天皇也曾在这里践祚。里内里后来更名为土御门殿，并且成为天皇常住的宫殿。土御门殿也是历经数次大火，但每次焚毁后都能够得以重建，但在应仁之乱后，朝廷已经无财力再去重建，所以就出现了用破旧的竹子来扎篱笆、用茅草来捆扎的惨状。前文所述的站在三条桥上能够看到内里的灯火，指的就是土御门的里内里。当时的里内里东到高仓，西到东洞院，东西仅有四十丈，非常狭小。永禄十二年（1569），织田信长入京后，对里内里进行整修。丰臣秀吉主政后，对里内里又加以扩建，大大增加了里内里的面积。德川家康主政后亦在庆长十一年（1606）向各大名征税用来修建里内里的宫殿，之后承应、万治、宽文、延宝、天明年间，里内里屡遭火灾，但每次都能够依照旧制得以重建。天明年间重修时，光格天皇传旨幕府，要求按照古制重修。幕府专门派松平定信进行督工，于宽政二年（1790）重修完毕，当时紫宸殿和清凉殿等的房间布置采用的都是旧制。安政元年（1854）四月，皇居再次遭受火灾。翌年十一月，重修完成，这就是今天的京都御所。明治元年（1868），天皇迁到东京后，京都御所依然被当作皇居保留下来。《皇室典范》制定时明确要求天皇即位式和大尝祭[20]必须在京都御所内进行[21]。

20. 译者注：大尝祭指的是新天皇供奉新米，与诸神一起享用，一方面感谢五谷丰登，另一方面祈愿国泰民安，只有这样才能获得“神格”，真正成为天皇。

21. 译者注：按照旧的《皇室典范》规定，即位式和大尝祭必须在京都御所举行。但是1990年明仁天皇为了不舟车劳顿就在东京皇居宫殿松之间举行即位之仪。

11.4 平安京的都制

平安京的部分条坊至今尚有留存，《延喜式》和《拾芥抄》等古籍中也记录了很多跟平安京有关的古图和记录等，所以我们今天能够非常精确地还原出平安京当时的状态。在平安京的都制研究方面，里松固禅出版了《大内里图考证》，明治二十八（1895）年京都市编纂了《平安通志》，除此之外还有很多其他的书籍，对平安京都制的研究都非常详细。这样看来，我再去讲述平安京的都制似乎没有必要，不过正如我在前文中所述的那样，经应仁之乱平安京已经损毁严重，后来在丰臣秀吉的重修下，才形成我们今天所看到的样子。如果将今天所看到的平安京与应仁之乱之前的平安京作比较的话，你就会发现在道路的宽度和走向方面难免会有一些变动，不仅如此，很多道路的名称也都发生了变化，旧时的名称已经不再使用。另外，像前文所述的五条通这种，虽使用旧时的名称，但地点已经完全不同的例子也有很多。所以说，在此再对平安京的都制进行一下说明也不是毫无用处，更何况平安京的规划也是都制研究中最有意思的一个问题。

总体来看，平安京的都制是在平城京都制的基础上添加些许变化而形成的。例如，在町的区划方面，平城京有着特别的寓意，而平安京则是单纯地沿袭旧制，并没有什么寓意。其实不只是在町的外形上，平安京的很多地名也都是沿袭自平城京。例如，平安京右京二坊大路被称为道祖大路，而平城京右京二坊大路的名称为佐贵大路[22]，两者的发音基本相同。平安京中有押小路，平城京中同样有押小路。平安京中有东西堀川，平城京中同样有东西堀川。长冈京中有猪熊这一地名，而平安京中同样有一条小路名为猪熊。“窥一斑而知全豹”，这样的例子肯定还有很多。

根据菅原清公的奏议，平安京的条坊、宫门和城门等全都换成了中国式的带有吉祥寓意的好听名称，但在之前就如我在前文所述，所有的宫城诸门的名称使用的都是日本式，直接用捐造者的人名来命名。同样的道理，之前条坊的名称也都是采用日本式。流传后世的平安京的条坊的名称其实都是从中国长安和洛阳两京的条坊名称中直接复制过来的。但是，从平城京有松井坊、藤原京有林坊，我们可推测得知，在藤原清公之前，平安京的条坊名称肯定都是日本式。平安京的勘解由小路又被称为松井小路，所以我怀疑这一地名可能与平城京的松井坊有着某种关系。

《延喜式》中对平安京各町即大小道路的尺寸已有明确记载，对此我们毋庸置疑。根据《延喜式》的记载，当时平安京的东西长度是一千五百零八丈，南北长度是一千七百五十三丈。下图中详细记载了各条道路的宽度，再加上各町的长宽都是固定的，如

22. 译者注：“道祖大路”的发音为“saioji”，“佐贵大路”的发音为“sakioji”，两者非常相近。

右京		左京
北边坊	宫城	北边坊
桃花坊（一条）		桃花坊（一条）
铜驼坊（二条）		铜驼坊（二条）
丰财坊（三条）		教乐坊（三条）
永宁坊（四条）		永昌坊（四条）
宣义坊（五条）		宣风坊（五条）
光得坊（六条）		淳风坊（六条）
毓财坊（七条）		安众坊（七条）
延嘉坊（八条）		崇仁坊（八条）
开建坊（九条）		陶化坊（九条）

平安京条坊名

果按照下图所示的数字来算的话，那平安京的东西长度与《延喜式》中的记载是相符的，而南北长度则为一千七百五十一丈，比《延喜式》中的记载少两丈。后图所示的北京极的宽度是十丈，这一数字可能有误，真实情况如果是十二丈的话，那南北长度与《延喜式》的记载就完全相符了。从宫城两侧的东西大宫大路的宽度均为十二丈来看，北京极的宽度极有可能就是十二丈。平安京的各町均为四十丈见方，小路宽为四丈，大路宽为八丈，这和平城京的情况一样，可以说平安京几乎完全照搬了平城京的规划。不过两者之间还是存有不同的，如平安京的北部比平城京多出了半条，单独设有一个北边坊。平城京的南北是三十六町，但平安京由于多出了半条，所以南北变成了三十八町。此外，如图所示，平安京的大路都是十丈、十二丈或十七丈，整体比较宽。宫城诸门正对的道路，平城京都是四丈的小路，而平安京全都扩成了十丈的大路。平城京内宫城左右的大宫大路（一条大路）都是八丈，而平安京则将其扩成了十二丈。综合算来，平城京的南北长度是一千六百二十丈，而平安京的南北长度是一千七百五十三丈；平城京的东西宽度约为一千四百四十丈，而平安京的东西宽度为一千五百零八丈。

平城京最初的设计是每町一里见方，东西八里，南北九里。整个京城还算广袤，东西和南北的总长度采用的也都是吉祥的数字，但是在具体的实施过程中，宫城附近显得有些局促，所以后来在京城的西北隅又向秋条乡方向扩张了半町，在一条北边形成了一片新的区域。在此经验的基础上，平安京在规划初期就直接在一条北部多规划出半条的面积，这样一来宫城的南北长度就变成了十町，比平城京多出两町。平城京中，宫城四边的道路和宫城诸门面对的道路，宽一点的是八丈，窄一点的是四丈，整体显得比较狭窄。吸取平城京的教训，平安京的大路宽度全都增加到十丈或十二丈。因此，平安京的规划虽然整体上来看是模仿平城京，但是已经不像平城京那样严格按照大宝令的规定或当时尺度的规定去限定各坊必须一里见方，也不再要求整个京城必须采用东西八里、南北九里这样的吉祥数字。换言之，平城京的大小道路及各町的宽度都有着其独特的含义，而平城京则仅是模仿了平城京的形制，并对其部分规划进行了调整而已，其大小道路和各町的宽度已经没有了任何含义。

宫城的十二门之制最早见于飞鸟板盖宫。其各门名称如我前文所述，自藤原宫以来都是固定的。平城京的宫城呈正方形，开有十二座宫门。平安京的宫城由于北边多出半坊，所以是一个南北长、东西窄的长方形，此时如果仍设十二座宫门，那北部的交通就会变得不是那么便利，所以又在宫城北部开设了上东门和上西门两座宫门，所以说平安宫的宫门总共有十四座。上东门和上西门和历史悠久的其他十二座宫门不同，他们没有专门的名称，仅以指示方位的上东和上西来命名。另外，上东和上西两座宫门

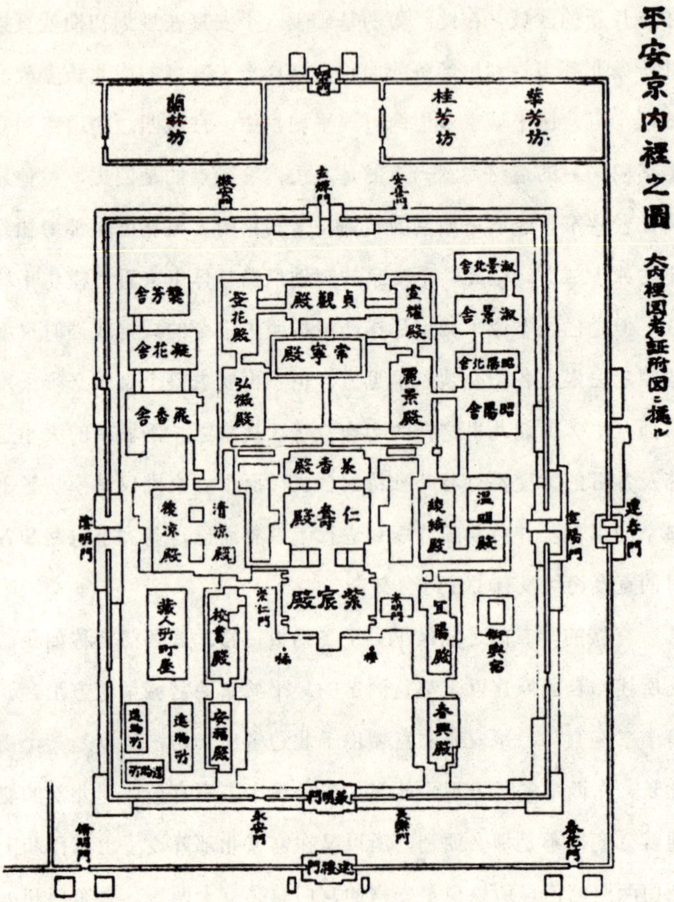
平安京内裡之圖
大内裡図考証附図ニ據ル
蘭林坊
桂芳坊
華芳坊
玄輝門
安喜門
襲芳舎
凝花舎
飛香舎
登花殿
貞観殿
宣耀殿
淑景北舎
淑景舎
常寧殿
弘徽殿
麗景殿
昭陽北舎
昭陽舎
承香殿
後涼殿
清涼殿
仁壽殿
綾綺殿
温明殿
陰明門
宣陽門
建春門
紫宸殿
藏人所町屋
校書殿
宜陽殿
御輿宿
安福殿
春興殿
承明門
永安門
建禮門
修明門
春華門

平安京内里之图

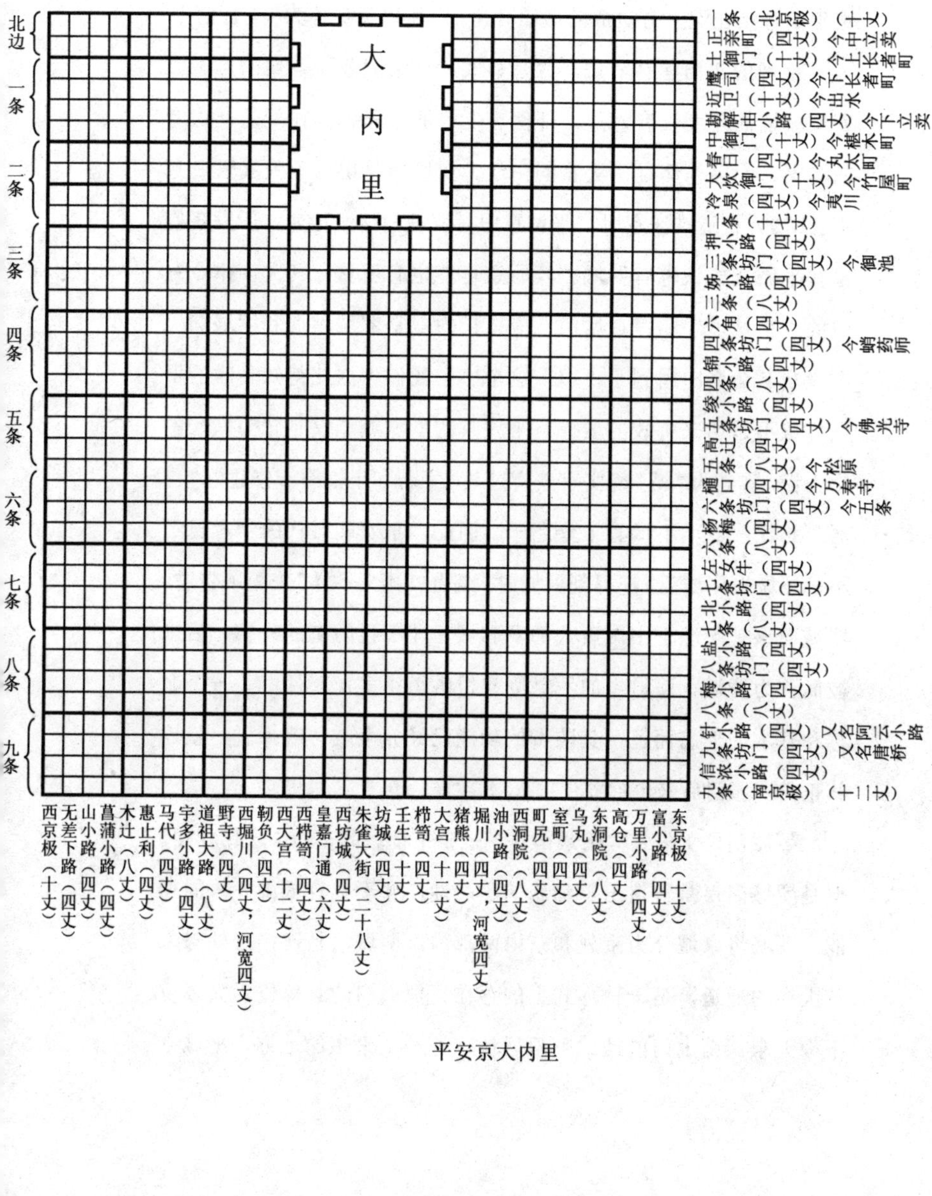

北边
一条
二条
三条
四条
五条
六条
七条
八条
九条
大内里
一条（北京极）（十丈）
正亲町（四丈）令中立卖
土御门（十丈）令上长者町
鹰司（四丈）令下长者町
近卫（十丈）令出水
勘解由小路（四丈）令下立卖
中御门（十丈）令椹木町
春日（四丈）令丸太町
大炊御门（十丈）令竹屋町
冷泉（四丈）令夷川
二条（十七丈）
押小路（四丈）
三条坊门（四丈）令御池
姊小路（四丈）
三条（八丈）
六角（四丈）
四条坊门（四丈）令蛸药师
锦小路（四丈）
四条（八丈）
绫小路（四丈）
五条坊门（四丈）令佛光寺
高辻（四丈）
五条（八丈）令松原
樋口（四丈）令万寿寺
六条坊门（四丈）令五条
杨梅（四丈）
六条（八丈）
左女牛（四丈）
七条坊门（四丈）
北小路（四丈）
七条（八丈）
盐小路（四丈）
八条坊门（四丈）
梅小路（四丈）
八条（八丈）
针小路（四丈）又名阿云小路
九条坊门（四丈）又名唐桥
信浓小路（四丈）
九条（南京极）（十二丈）
西京极（十丈）
无差下路（四丈）
山小路（四丈）
菖蒲小路（四丈）
木辻（八丈）
惠止利（四丈）
马代（四丈）
宇多小路（四丈）
道祖大路（八丈）
野寺（四丈）
西堀川（四丈，河宽四丈）
靭负（四丈）
西大宫（十二丈）
西栉笥（四丈）
皇嘉门通（六丈）
西坊城（四丈）
朱雀大街（二十八丈）
坊城（四丈）
壬生（十丈）
栉笥（四丈）
大宫（十二丈）
猪熊（四丈）
堀川（四丈，河宽四丈）
油小路（四丈）
西洞院（八丈）
町尻（四丈）
室町（四丈）
乌丸（四丈）
东洞院（八丈）
高仓（四丈）
万里小路（四丈）
富小路（四丈）
东京极（十丈）

平安京大内里

由于是直接在泥土夯筑成的城墙开凿的，所以又被称为“土御门”。

京城的四周建有罗城。《延喜式》详细记载了罗城的形态。罗城城墙的厚度仅有六尺，外侧有七尺的小路，再往外是一丈宽的沟渠，沟渠外侧是两丈宽的空地。罗城最早出现于天武天皇八年（679）建造难波京时。平城京中有罗城门这一地名，所以我们推测平城京应该也有罗城。藤原京可能也有罗城。《大宝律令》中的“京城垣”和“京城门”应该指的就是罗城城墙和罗城门。不过从其命名中用到了“垣”这个字，我们可据此得知当时的罗城应该不是用来御敌的城郭。平安京的罗城城墙仅是宽为六尺的小土堤，称其为“城”确实有些言过其实。若和丰臣秀吉修建的“土居”相比，罗城不抵其十分之一。因此，平安朝时代的学者已经不把罗城视作城郭，在提到罗城时大都用“其义不详”来简单带过。罗城应该是起源于中国唐代的罗郭城，即都邑防御的外郭，后来被简称为罗城。而日本的罗城则显得敷衍得多，仅保留了一个名称和基本的形态而已，其防御的功能已经完全被忽略掉了，就连其正门罗城门后来也被罗生门代替。

罗城门位于朱雀大街最南端，是整个都城的正门，宏伟壮丽。但是罗城门仅是营造出了都城的庄严性，并不具有抵御外敌的功能。罗城将京城分为京外和京内两部门。罗城门是连接京外与朱雀大街的通道，是一种形式上的存在。罗城门的具体位置大致位于今天东寺南大门的西二町附近被称为小字来生的地方。平城京的罗城门的旧址在今天也被称为小字来生。无论是古代，还是现在，两者的名称都是完全相同的。

都城内每条东西两侧的四坊各设坊令一人，坊令也被称为条令。每坊设坊长一人。各坊有十六町，每四町为一保。每保设刀祢一人进行管理。保与町的排序是从离宫城近的保町开始，大致如下图所示。

北

一	八	九	十六
二	七	十	十五
三	六	十一	十四
四	五	十二	十三

南

（一保）（二保）（四保）（三保）一坊四保十六町

左京的保町

北

十六	九	八	一
十五	十	七	二
十四	十一	六	三
十三	十二	五	四

南

（四保）（三保）（一保）（二保）一坊四保十六町

右京的保町

京内的宅基地除授予王公大臣之外，还会分给普通的百姓。普通百姓每户可分得一户主面积的宅基地。一户主相当于一町的三十二分之一，其分割方式如下图所示，先是将每町分为四行，然后将每行分为八户。每户的宅基地都为宽五丈、纵深十丈的长方形，面积为五十平方丈，如果换算成田地面积则约为一百三十九步。不过，由于行与行之间还需要留出道路，所以纵深基本都达不到十丈，每户宅基地的面积也会相应地缩水。

“户主”后来演变成用来表示宅基地面积的专门单位，已经不再专指一户的宅基地。现存的宅基地买卖券中会写有一户主半的土地或几户主几丈几尺的土地，这里的户主已经跟宅基地的形状没有了任何关系，只要总面积为五十平方丈，也即一百三十九步，都可以被算作一户主。

宫城的正门为朱雀门。穿过朱雀门，首先映入眼帘的是应天门。应天门北侧是八省院。八省院又称朝堂，是由大极殿以外的一些办公用建筑所组成。平安宫内建筑物的配置与平城宫完全相同，不过在具体的位置方面还是稍有差异。平城宫中，大极殿及朝堂院位于朱雀门正面稍偏东的地方。紫宸殿、清凉殿等属于内里的部分宫殿位于宫城的正面。紫宸殿在古时候被称为正宫、正殿、南殿等，有宫城的正面宫殿之意。然而，在平安京中，天皇御临执政和举行皇室大典的大极殿在整个皇宫内的地位最高，所以被放到了宫城的正面，天皇居住的内里则被放到了宫城的东北。据此也可以看出在平城京和平安京中，帝室与政治、宫中与府中谁主谁次了。

明治二十八年（1895），京都市举行平安奠都1100周年的

一行	二行	三行	四行	
				一门
				二门
				三门
				四门
				五门
				六门
				七门
				八门

左京户主

四行	三行	二行	一行	
				一门
				二门
				三门
				四门
				五门
				六门
				七门
				八门

右京户主

纪念仪式，《平安通志》也得以编纂发行。书中有一份平安京的实测图，根据当时实测的结果，大极殿的遗址被确定在千本通太町上西侧，并在此位置立上纪念碑。据说当时的实测是以古时的一尺相当于现在曲尺的九寸八分七厘为标准去进行测量的。不过还有一种说法，即当时实测时并没有区分古今尺度的差异，直接就用古时的一尺（相当于现在曲尺的一尺）去进行测量的。从实测图的标注来看，后者的可能性更大一些。不管怎么说，实测图上所标注的街道与今天我们所看到的街道多少还是出现了一些偏差。鉴于东寺和东堀河的位置在古今并没有发生变化，所以在实测时选定东寺和东堀河为基准。首先在东寺的南侧确定南京极，然后向北丈量1753丈确定北京极，再以东堀河为基准确定东西京极，然后顺次得出京内各地点的位置。这种实测方法是非常恰当的，在学术上没有任何问题。但遗憾的是，在古今尺度的异同上出现了谬误，导致此项工作在一开始最为重要的前提基础上就出现了问题。实测图中将东西线确定在东寺附近、南北线确定在东堀河附近，这是完全符合历史事实的，但由于使用的尺度存在问题，导致离这两条基线越远的位置误差越大，最终导致北京极要比实际位置多出了一町的距离，而东京极也是多出了半町的距离。这真的是一件非常可惜的事情。不过如果改为正确的尺度，依照当时的调查方法，是很容易就可以将这些误差改正的。前文已述，经我研究，古时的一尺相当于当前曲尺的九寸七分五厘。如果以古时的一尺为当今曲尺的九寸八分七厘为标准去进行测量的话，那每尺要比我的研究结果多出一分二厘。同样的道理，如果以古时的一尺为当今曲尺一尺为标准去进行测量的话，那每尺要比我的研究结果多出二分五厘。只要我们将这种误差消除掉，自然也就可以算出京内各地点的准确位置了。

根据现有的实测图，大极殿内高御座的位置位于南京极罗城门中心向北 1452 丈，东堀河往西 292 丈。政府根据这一测量结果确定了大极殿旧址纪念碑的位置。假设当时设计平安京时的测量与明治二十八年（1895）的测量在具体实施上没有任何谬误，如果以古时的一尺相当于当前曲尺的九尺八寸七厘来算的话，那南北会出现十七丈四尺二寸（二十九间多）、东西会出现三丈五尺四寸（略小于六间）的误差；如果以古时的一尺相当于当前曲尺的一尺来算的话，那南北会出现三十六丈三尺（约为六十间半）、东西会出现七丈三尺（约为十二间一尺）的误差。所以说，大极殿遗址的真实位置应该位于今天纪念碑往南约二十九间多或六十间半、往东略小于六间或十二间一尺的位置。最近在纪念碑的东南方向发现了数个地基用的大石头、铺地用的碎石子和屋顶用瓦的碎片等，大极殿的真实位置可能就位于此处。如果这里真的就是大极殿的旧址的话，那其他建筑物的遗址通过对尺寸数字进行调整，就可以很容易测定其真实位置了。

补记：

近年来，各地为了争取火车站、学校或官署等设在当地，可谓是怪招频出，有搞请愿活动的，有托关系的，还有申请捐献的。当年从长冈京迁都平安京时，类似的情况肯定也会不少。平安宫的位置本是太秦氏的宅邸，太秦氏是否有借迁都来获取经济利益的念头，我们暂且不论。单是秦氏所拥有的广袤土地在一夜之间变成了帝国都城的所在地，这一巨变给他们带来的直接或间接的利益就非常大，甚至可以用难以想象来形容。不过，同为秦氏一族，跟藤原种继有关系的秦朝元家族和跟藤原小黑麻吕有关系的秦忌寸岛麻吕家族的利益关系却是完全不同的。

12

福原京

12.1 迁都长冈的疑问

迁都平安京后的约四百年间，迁都之议一再提起，但最终都没有变为现实。第一次是平城上皇的平城复都计划，已经进行到了着手改建宫城的阶段，但由于后来藤原仲成和藤原药子的阴谋暴露，平城复都计划也随之搁浅。第二次是贞观十八年（876），平安宫的大极殿被焚毁后，清和天皇提出了迁都的想法，但这次迁都之议仅见于关白九条兼实的日记《玉海》中，而且还是借清原赖和之口说出的，在正史《三代实录》中没有任何记载，所以是否真的有此次迁都之议还有待商榷。不过，治承四年（1180），平清盛专权时，于匆忙间做出了迁都福原的决定，并最终付诸实施。福原位于摄津轮田泊附近，大致位于今天的神户市内。《方丈记》详细记载了当时迁都福原的情形。

治承四年（1180）六月，朝廷于匆忙间开始迁都，超出了所有人的预料。突然迁了都。又是一件全然意想不到的事。

（中间略）

以天皇为首，大臣、公卿都迁走了。想走仕途的人，有谁又会愿意继续留在旧都呢？渴望着官位、希望得到天皇赏识的人，恨不得尽快迁往新都。而那些官场失利、无所期盼之人则是哀叹着留在了旧都。昔日热闹喧哗的宅邸，随着时间的流逝化为了一片废墟。把房子拆了，拆出的木材捆成捆儿，沿着淀川漂流而去。

宅基地逐渐恢复为田地。人心都变了。只有马鞍还受到重视，牛车则没人使用了[1]。大家希望得到的是西南海[2]的领地，东北国的庄园则无人喜欢。

迁都那年，恰有事去津国新都。我见到的新都，面积狭小，不足以规划条里。北依高山，南临大海。波浪声不绝于耳，海风猛烈。内里位于山中，看起来就像是齐明天皇的木丸殿[3]。虽然简陋，但也别有幽雅之趣。沿着淀川不断漂来的木材堵塞了河道，这么多的木材究竟要用来建造什么呢？空地很多，但是建起的房子很少。旧都业已荒废，而新都则尚未建成。迁来新都的人的内心如浮云一般飘忽不定，而祖祖辈辈居住在福原的人则因失去土地而忧愁。迁来新都的人慨叹土木工程的不易。再看看道路上，本应坐牛车的人却骑着马，本应穿衣冠布衣[4]的人却都身着直垂[5]。都城的奢华气质一下子全变了，同乡里乡气的武士毫无二致。

"世间动乱，瑞相不现。"长期处于乱世之中，人的内心得不到安稳，必然会造成民众无限的忧虑。鉴于此，同年冬天，天

1. 译者注：古时候日本，贵族使用的是牛车，普通百姓可以骑马。文中提到旧都内牛车没有了，是在暗示贵族都迁到福原新都去了。
2. 译者注：西南海是指西海道九州、南海道四国等地区，在当时这些地区是平家的势力范围。
3. 译者注：661年齐明天皇侵攻新罗时，在筑前朝仓用带皮圆木造的临时殿所。
4. 译者注：衣冠为公卿进宫时穿的衣服，布衣为公卿平常穿的衣服。
5. 译者注：直垂为普通百姓穿的衣服。

皇复都平安京。拆得不成样子的房子已经难以恢复到原来的样子。

古时的明君以慈爱治国，住的是茅草屋顶的宫殿，殿宇也不求齐整，看到百姓家中冒烟的烟筒少了，就主动减免赋税。这才是真正的惠民助世。再看今日之现状，古今高下立判。

早在迁都之前，平清盛在福原就建有别馆，为改善当地的交通，还专门修建了轮田泊。不只是平清盛，他的弟弟平教盛和平赖盛也都在福原建有别馆。平清盛专权后，专横跋扈，渐渐引起缙绅和僧侣的怨恨，甚至有传闻说，南都[6]和北岭[7]的僧人曾在私下密谋囚禁平清盛，拥立后白河法皇主政。

治承四年（1180）五月，本属于源氏，但后来投靠平清盛的源赖政奉以仁王[8]旨令起兵讨伐平清盛。平清盛决定借此机会离开纷扰的平安京，迁都到自己的势力更为巩固的福原。五月三十日，朝廷发布迁都命令，要求必须在六月三日开始实施迁都，后来又将这一日期提前到了六月二日。数千名武士骑马分列两队，护送着安德天皇、后白河法皇和高仓上皇踏上了迁都的征途，他们从八条出发，先是抵达草津（今日的下鸟羽），然后于晚上抵达大物浦，翌日清晨进入福原。安德天皇下榻在中纳言平赖盛的宅邸。后白河法皇住在平清盛的别馆。高仓上皇住在宰相

6. 译者注：南都是指奈良的兴福寺。
7. 译者注：北岭是指比睿山的延历寺。
8. 译者注：以仁王为后白河法皇的第三皇子。

平教盛的宅邸。摄政藤原基通住在安乐寺别当[9]安能的住所。下属无处可住，只能在路边露宿。可以看出，迁都福原完全是平清盛的一己私欲，根本没有顾及其他人的感受。

迁都之后，都城才开始建设。福原地区面积狭小，难以像平城京或平安京那样去进行规划，所以先是确定了宫城的位置，然后模仿平安京也设了左右两京，但左京仅有平安京左京的四分之一大小，基本相当于平安京左京南到五条，东到西洞院大路这样一块面积。右京更为麻烦，宫城的西侧有一座小山，平地很少，要不要翻过小山到西侧去规划右京条坊成为当时讨论的一个重要问题。还有人主张缩小宫城的规模，平安宫是东西十町，南北八町，可以将福原宫设计为东西五町，南北四町，这样一来，面积正好是平城宫的四分之一。另外，有人还主张不要将都城设在福原，应该将都城迁到播磨的印南野或是摄津的昆阳野。

在此期间，源赖朝起兵讨伐平氏。北岭的僧侣纷纷奏请复都平安京。当时，高仓上皇也身染重病，他慨叹如果死在福原，将成为他一生的一大憾事。在各种因素的影响下，一向刚愎自用的平清盛也渐渐萌生了悔意。在听取诸位公卿的意见后，治承四年（1180）十一月，平清盛决定复都平安京。安德天皇、后白河法皇和高仓上皇在福原生活了不到半年。都城迁回平安京后，福原

9. 译者注：别当为日本古代管理寺院事物的僧官。

京也就被废弃了。

福原京的存续仅有半年。治承四年（1180）十一月，内里基本建成，但宫城还没有完工。京城内的条坊是否已经开始建设，根据现有的史料还难以弄清楚。由于福原京的存续时间实在是太短了，所以今天难以寻找到福原京的遗迹。《吉记》“十一月十一日”条中记载了安德天皇搬到新建成的内里时的行进路线，据此可以看出当时宫城附近的道路已经修好了。

圣驾沿御所的南大路向东，抵达东大路后转向南，然后再转向东，到达东侧新修的道路后再转向南，到达太政大臣平清盛的宅邸附近的北大路后向西，最后从西南门进入内里。

《吉记》只是记录了安德天皇的行进路线，并没有标注路名。不过，从这一行进路线我们可以看出，当时的福原京并没有像平安京那样去进行规划。

关于福原宫的具体位置，现在已知的线索仅有“西侧有一座小山”，这座小山可能就是今天的会下山。今天的会下山已经被削平了很多，形状已不同以往，但在此山以东寻找福原宫遗址的思路肯定是正确的。关于福原宫的记载实在是太少了，导致我们无法判明其具体位置，这不得不说是一件遗憾的事情。

补记：

在太政大臣平清盛的主持下，都城被迁到了福原京。平安京暂时成为旧都。原在旧都的各大神社寺院也被要求迁往新都。日吉神社的神官首先将大山咋神和大己贵神的神舆请下来，神人手持春日的杨桐树枝踏上了漫漫征途。新都位于河的另一侧，道路阻且长。所有人都失去了安身之所，任谁的内心都不会好受。无论是各大寺院的僧人，还是贵族平民，大家都唉声叹气，对迁都充满了怨言。

13

东京奠都

13.1 迁都长冈的疑问

纵观日本历史，每逢维新之际，必会兴起迁都之议。大化改新时，孝德天皇将都城迁到了难波。明治维新时，明治天皇将都城迁到了东京。早在庆应三年（1867），大政尚未奉还之时，大久保利通等目光长远之士就已经意识到京都的长年积弊已经不适于新政的推行，于是他来到山口与木户孝允共商王政复古，并计划将都城迁往大阪。希望借迁都让政治重新焕发生机，同时也让天下人心有一归向之所。庆应三年（1867）十二月，明治天皇发布王政复古大令。明治元年（1868）正月，明治天皇又发布讨伐江户幕府的大诏。在此节点，大久保利通奏请迁都大阪，奏文如下：

今日之大变局，自我邦开辟鸿蒙以来未曾有之。若以寻常之策必难以应对。近来一战，虽官军胜出，巨贼东走，但贼之巢穴尚未剿平，与各国交往永续之法尚未确立，列藩离反之心尚未消除，人心汹汹，百事纷纭，复古之鸿业未达其半，仅算开其端而已。若此时朝廷满足于一时之胜利，不思永久安治之策，必将重蹈北条去足利来、前奸去后奸来之覆辙。望圣上不囿于眼前之所见，洞察宇内之大势，一新数百年来因循腐臭之积弊，放弃官武之别，使国内同心协力。当今之急务乃实行天下万民感激涕零之新政，让苍生感念圣上之德，这样才能上下一心，共克时艰。然而长期以来，圣上深居宫内，除接触公卿外，难以接触百姓。圣上为民之父母，此乃上天赋予之神职。值当前之乱世，圣上宜振奋精神，重掌国内事务。

迁都难波利于去弊推新，实乃推进大变革之有力之举。综合来看，积弊不在于理而在于势。势可归于日常所见之形迹。今试论此形迹之一二。圣上宛若在云上，公卿也宛若云上之人，百姓难睹龙颜，圣上也不踏民间之寸地，此确可维护圣上尊大高贵之形象，却造成上下隔绝，最终形成今日之积弊。敬上爱下乃人伦之大纲，过之则失君道和臣道。仁德之帝必会受到天下万世之赞誉。在今之外国，帝王经常率其从者一二，微服私访，抚育万民，此乃正确之君道。

今日更始一新、王政复古，是本朝之圣时，圣上宜参考外国之美政，果断实施迁都。迁都难波乃我国一新之机会，需以简易轻便为本，拔除积弊，切实履行天赋之君道。迁都命令一旦颁布，必将树圣上之威仪于国内，同时扬皇威于海外，赢得与万国平等之地位。

迁都难波宜循序推进，可先将其设为行宫，待一切妥当之后再将其定为都城。难波地理条件优越，不仅便于与外国交通，而且易守难攻，是建立陆海军的良好地点。此外，难波富庶，对富国强兵也大有裨益。

迁都难波乃当前国内事务之根本，不容半刻拖延。一旦迁都成功，维新大局将定，各项改革措施也将顺利推进。若拘泥于眼前些许之问题，留待他日再做决断，将失去良机，对皇国的发展大为不利。望圣上能够英明决断，尽快施行迁都之策。千祈万祷，奉候死罪。

大久保利通

明治元年正月

大久保利通的此番迁都之论是自大化改新以来有志之士的普遍共识，每当一个旧的都城积弊太深的时候，大家首先想到的就是迁都，意图通过迁都来摆脱积弊，让百姓耳目为之一新。大久保利通的此番迁都之议其实是和历史上迁都难波、大津、平城、恭仁、长冈和平安等如出一辙。只不过，在古代迁都仅是由极少数人所操纵，为了防止有人提出异议，所有的迁都几乎都是以迅雷不及掩耳之势进行，但是明治政府的组成决定了当时的迁都已经不可能继续采取这样的方式。大久保利通先是向有栖川总裁宫说明了迁都的必要性。正月二十三日，太政官代对大久保利通的迁都建议进行了讨论，但没有形成统一意见。迁都就意味着都城要搬离已经千年有余的平安京，而且很多人内心深处是希望平安京万代不变的，所以有人反对迁都也算正常。此外，当时有人对主张迁都者的真实意图持有怀疑，觉得他们是想联合萨摩和长州二藩的势力，挟天皇到难波，进而控制天下。对于京都的百姓来说，本以为幕府倒台以后，妖云尽散、终于能够重见天日，可没想到千余年来在自己身边的都城却要被迁到别处，任谁都会愤慨不已。另外，很多人不是本着拯救京都疲敝衰颓的目的，而是从个人利益得失去算计，如果损害到了自己的利益，自然就会反对迁都。总之，在当时决定迁都并不是一件那么容易的事情。

明治元年（1868）三年二十二日，天皇行幸大阪。翌日，下榻西本愿寺别院。此次行幸大阪仅是明治天皇在亲征江户途中的临时性行为，还谈不上是迁都。不过也有一种说法，认为岩仓具视采纳了大久保利通的迁都难波的建议，所以才特意安排明治天皇在亲征江户途中行幸大阪。在此期间，江户开城。闰四月，朝廷出现了德川氏赐封之议。当时松平庆永等人采纳一桥茂荣的意见，希望朝廷能够将江户及府下人口赐给德川氏，以确保德川氏在江户这片祖先耕耘了三百多年的土地上继续生存。但是这一建议遭到大久保利通、木户孝允和福冈孝悌等人的断然反对。后来，木户孝允提出了“三京说”，以江户为东京、大阪为西京、再加上京都形成三京，天皇根据时势需要在三京间巡幸，但这一建议最终并没有被采纳。在德川氏被赐封骏府七十余万石后，佐贺藩主锅岛直正采纳大木乔壬和江藤新平的建议，奏请将江户确立为都城，并改名为东京。大久保利通原先主张的迁都大阪，主要目的是去除京都的积弊，让政治焕然一新，并不是非得将都城迁到大阪才行。在江户初定、东国人心动摇之际，若能将都城迁至江户来稳定住东国的局势，自然是最好的选择。这样一来，昔日“大阪迁都论”的热衷者自然也就没必要反对迁都江户了。在朝野上下达成统一意见后，江户改名为东京。明治元年（1868）七月十七日，天皇下诏：“朕今亲裁万机，绥抚亿兆。江户乃东国第一大镇，四方辐辏之地，宜亲临以视其政。因自今称江户为东京，是朕所以海内一家东西同视者也，望众庶体察此意。”

此诏书明确表示将江户改名为东京，同时也体现出明治天皇海内一家、东西同视的思想。虽然建议或赞成迁都者的内心深处是希望完全迁都东京，彻底摆脱积弊缠身的京都，但是在表面上表现出的还是同意以京都为都城，同意东京的设立只是为了施政的方便。对当时的明治天皇来说，京都和东京并没有孰轻孰重，而且两个京城也正好符合天武天皇所提出的“都城宫室不得一处，必造两参”的观点。当时的中央政府对明治天皇的此份诏书进行了详细解读，并将其公之于众。

庆长年间，幕府开发江户，之后江户日益繁荣，天下财富汇集于此。然今日幕府被废，府下亿万百姓生活陷入困顿。近来世界各国交往频繁，各国均求国内各地区的平衡发展，若继续只重视都城所在地的发展已经与当今时代严重不符。今后天皇将屡屡巡幸东西，问万民之疾苦，力求发展之均衡。若东京百姓仍痴迷于昔日奢靡之风，空想过去之繁荣，不思进取、不知醒悟，生计必然越发困难。国民需认真做好本职工作，诸事精巧，这样才能物产丰饶，自然也会保持永久之繁荣。

可以看出，当时明治天皇是计划在京都和东京之间频繁巡幸的。明治元年（1868）八月，天皇发布巡幸东京的诏书。京都百姓担心此次巡幸可能导致直接迁都东京，所以京都的形势颇为不稳。另外，公卿诸侯等也以东北地区尚未平定为由，劝阻明治天皇暂缓巡幸东京。但是，巡幸东京之事还是按计划稳步推进。九月二十日，明治天皇正式从京都出发巡幸东京。在临行前，明治天皇给留守诸臣下达敕书，其中写道："东京乃神武帝创业初时之根基，现东京百姓生活艰苦，朕深以为虑。再加太皇太后与桂宫淑子内亲王现居东京，朕理应亲临东京巡幸。京都为天下之根本，稳定人心尤为重要，望留守诸臣励精图治，确保京都安稳。"

明治天皇在路上行走了二十四天，十月十二日抵达品川。十三日下榻西城，改西城为皇居，称东京城。将公卿大臣进入城内参拜改称为参内[1]。

虽然江户已经改称为东京，但是在当时的政治序列中还是以京都为主，东京次之。十一月二十七日，明治天皇发布还幸京都的诏书，其中写道："临幸东京，亲裁万机，虽苍生未曾沾泽，但内地略有平定。为向神宫汇报此成绩，来月上旬朕计划还幸京都，待明春再幸东京。望百官有司得其旨意。"

东京为临幸，京都为还幸，谁主谁次一目了然，所以说迁都

1. 译者注：参内是日本古时的一个专用名词，意指进到内里参拜天皇。

东京绝不是像历史上的迁都那样以迅雷不及掩耳之势来进行的。但是此次还幸仅是为了安抚京都的人心，新政府想以东京为新都城的计划一直在稳步推进。十二月七日，政府发布公告，宣布将在江户城的旧址上修建天皇居住的宫殿。八日，明治天皇踏上还幸京都的旅途。二十二日抵达京都的皇宫。在京都逗留两个多月，明治二年（1869）三月七日，天皇从京都出发，再次行幸东京。二十八日抵达东京城。在东京驻跸期间，明治天皇将太政官迁到了东京，从此东京成为实际的政治中心。府县的排序也随之发生了变化，最初是京都第一，东京、大阪紧随其后，然后是五港[2]所在的县，明治四年后东京变为第一，京都、大阪紧随其后。自此以后，天皇迁往京都不再称为还幸，而是变成了行幸，返回东京则变成了还幸。明治六年（1873），东京皇城遭遇大火，明治二十二年（1889）得以重建，并改名为宫城，也就是我们今天所见到的恢宏巍峨的皇居。

2. 译者注：五港是指日本最早开埠通商的五大口岸：横滨、神户、长崎、新潟和箱馆（今函馆），所对应的五县分别为：神奈川县、兵库县、长崎县、新潟县和北海道。

结语

以上简要介绍了自太古时代至今的都城的沿革变迁。这样一本薄薄的小册子固然难以介绍得足够详尽。其实我一直在从事关于都城的研究，很多研究成果都发表在了《历史地理》杂志上，将来也肯定还会继续进行此方面的研究。读者诸贤若想了解得更详细一些，不妨去翻一下我在上述杂志上发表的文章。他日若有机会，我还会将未收入此书的内容整理修订成册，待出版后还请各位有识之士指正。

以下是我自己发表或参照过的论文。在撰写本书时，我对原有论文中错误的地方进行了修订，若论文内容与本书内容有出入，请以本书内容为准。

1.《关于上古时代都城的所在》：《历史地理》十卷一号（明治四十一年一月）（1908）

2.《片盐浮穴宫》:《历史地理》九卷一号（明治四十年一月）(1907)

3.《论难波京的沿革》：《历史地理》十四卷一号（明治四十二年七月）（1909）

4.（参照）《伪作难波沿革图》：《历史地理》二卷七号（明治三十三年十月）（1900）

5.（参照）《伪作难波图的毒害》：《历史地理》三卷五号（明知三十四年五月）（1901）

6.《飞鸟京》四回：《历史地理》二十卷一号至五号（明治四十五年一月至五月）（1912）

7.（参照）《元兴寺考证》两回：《历史地理》十九卷一号

至二号（明治四十四年七月至八月）（1911）

8.《大津京》两回：《历史地理》十五卷一号至二号（明治四十三年一月至二月）（1910）

9.《藤原京》三回：《历史地理》二十一卷一号至五号（大正三年一月至五月）（1914）

10.《论平城京的四至》八回：《历史地理》八卷二号至十一号（明治三十九年二月至十一月）（1906）

11.《〈平城京及大内里考〉评论》九回：《历史地理》十二卷二号至十三卷五号［明治四十一年（1908）八月至明治四十二年五月］（1909）

12.《恭仁京》两回：《历史地理》十三卷一号至二号（明治四十二年一月至二月）（1909）

13.《关于恭仁大宫遗址》：《历史地理》一卷五号（明治三十三年二月）（1900）

14.《长冈京》四回：《历史地理》十二卷一号至四号（明治四十一年七月至十月）（1908）

15.《平安京大极殿址与曲尺的研究》：《历史地理》二十五卷五号（大正四年五月）（1915）

16.（参照）《论京间与田舍间的曲尺与令尺的关系》五回：《历史地理》二十一卷六号至二十二卷六号（大正二年六月至十二月）（1913）

17.《本邦都城之制》八回：《历史地理》十七卷一号至十八卷六号（明治四十四年一月至十二月）（1911）

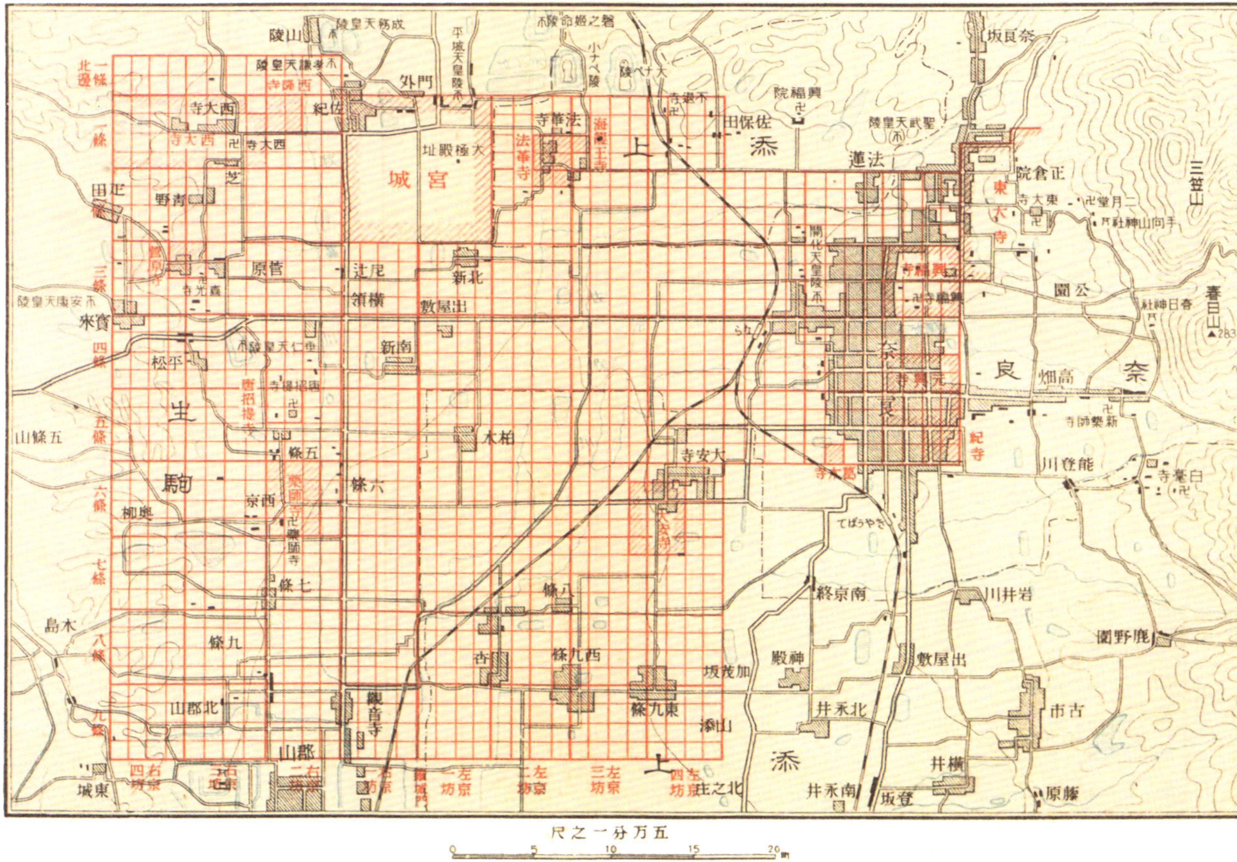
宮城
大極殿址
東大寺
興福寺
元興寺
西大寺
法華寺
唐招提寺
薬師寺
大安寺
春日山
三笠山
奈良
添上
生駒
五万分一之尺
0 5 10 15 20

平城京条坊图

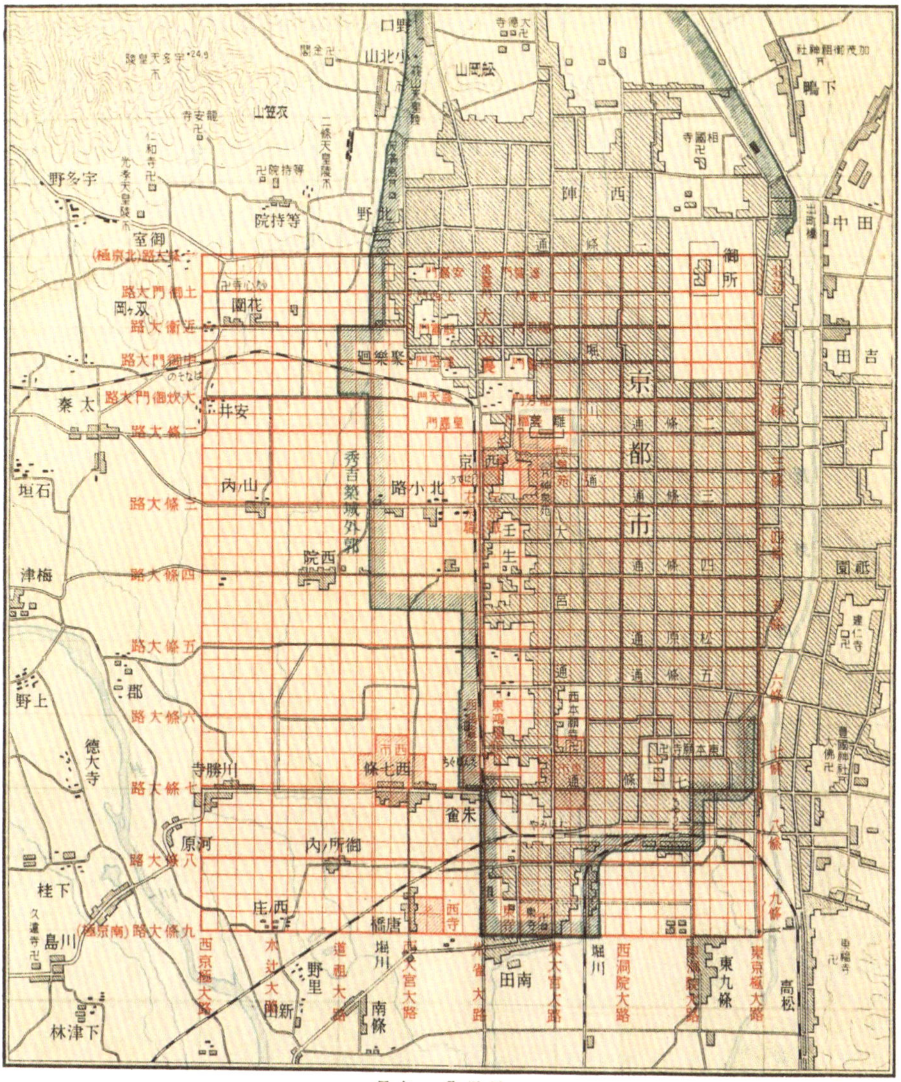
京都市
御所
西陣
秀吉築城外郭
聚楽廻
宇多野
御室
仁和寺
龍安寺
等持院
衣笠山
船岡山
北野
相國寺
下鴨
田中
吉田
祇園
太秦
安井
花園
双ヶ岡
山ノ内
石垣
梅津
西院
北小路
壬生
上野
河原
御所ノ内
西庄
唐橋
朱雀
南田
下桂
川島
下津林
東九條
高松
一條大路
土御門大路
近衛大路
中御門大路
大炊御門大路
二條大路
三條大路
四條大路
五條大路
六條大路
七條大路
八條大路
九條大路
西京極大路
朱雀大路
東大宮大路
西洞院大路
東京極大路
五万分之一尺

平安京地图